方苞全集

彭林 嚴佐之 主編

第一册
朱子詩義補正
周官辨

復旦大學出版社

方苞全集工作委員會

主　任　胡連松

副主任　劉中漢　陸應平　徐　雄　胡　睿

委　員　王志義　雷建鳴　謝文婕　潘利民　江學潮
　　　　戴　波　陳玉蓮　汪艾東　唐紅炬

本書爲

二〇一六年國家古籍整理出版專項經費資助項目

安徽省桐城派研究會合作項目

安徽省桐城派研究會學術研究規劃項目

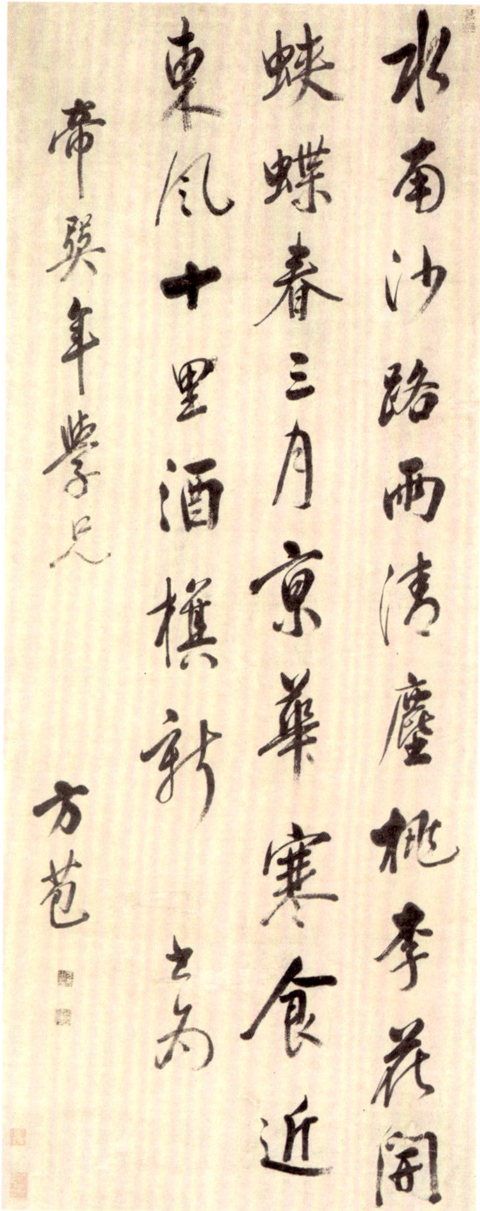

方苞手迹

朱子詩義補正卷一

方望溪先生著　門人高密單作哲編次

國風

孔子刪詩于叢細之事淫汙之辭備存而不削所以使萬世之人君因此以識治體而深探其本也芣苢兎罝何關國事然婦人皆樂勤其職業野夫皆自厲于忠良自非聖人以至誠感人心以王政運天理不能有此氣象鄭衛齊陳之姦聲汙入口耳而具列之使有國者見之惕然

朱子詩義補正
清光緒三年刻本

周官集注卷五

春官宗伯第三

天地中和之氣備于春宗伯掌禮以教民中掌樂以教民和故曰春官宗尊也伯長也

惟王建國辨方正位體國經野設官分職以爲民極乃立春官宗伯使帥其屬而掌邦禮以佐王和邦國

禮謂五禮其別三十有六舜命伯夷典三禮曰汝作秩宗國語曰使名姓之後能知四時之生犧牲之物玉帛之類采服之宜彝器之量次主之度屏攝之位壇場之所上下之神祇

周官集注

清康熙至嘉慶間抗希堂十六種本

儀禮喪服或問

喪服不及高祖何也與曾祖同也何以知其同無可殺也何以知其非無服也未有旁服以是屬而反遺於正體者也服之有差所以責其誠以義則高曾等重而恩亦未見其有差也後世易曾祖爲五月高祖三月而例以小功緦麻之月數未達於先王稱情以立文之義也

父在爲母齊衰期何也所以達父之情而便其事也期之外父居復寢樂作矣而子纍然哭泣

喪禮或問

清康熙至嘉慶間抗希堂十六種本

春秋直解卷之一

桐城方苞著　　余　焱

門人程　崟校讐

劉　敦

次男道興編錄

隱公

元年春王正月

元年者君之始年也春王正月者周正建子之

春秋直解

清康熙至嘉慶間抗希堂十六種本

史記注補正

方望溪先生講授　門人　程崟　王兆符　編錄

黃帝紀

萬國和而鬼神山川封禪與爲多焉

與讀去聲言與事爲多也又或舉字之譌周官師氏職王舉則從故書作與亦謂王與事

死生之說存亡之難

世傳醫經皆黃帝與岐伯問難語存亡之難疑

史記注補正

清康熙至嘉慶間抗希堂十六種本

望溪先生文偶抄

讀經　　受業王兆符程崟輯

讀古文尚書

先儒以古文尚書辭氣不類今文而疑其僞者多矣抑思能僞爲是者誰與夫自周以來著書而各自名家者其人可指數也言之近道莫若荀子董子取二子之精言而措諸伊訓太甲說命之間弗肖也而謂左邱明司馬遷揚雄能爲之與而況其下焉者與然則其辭氣不類今文何也嘗觀史記

望溪先生文偶抄
清康熙至嘉慶間抗希堂十六種本

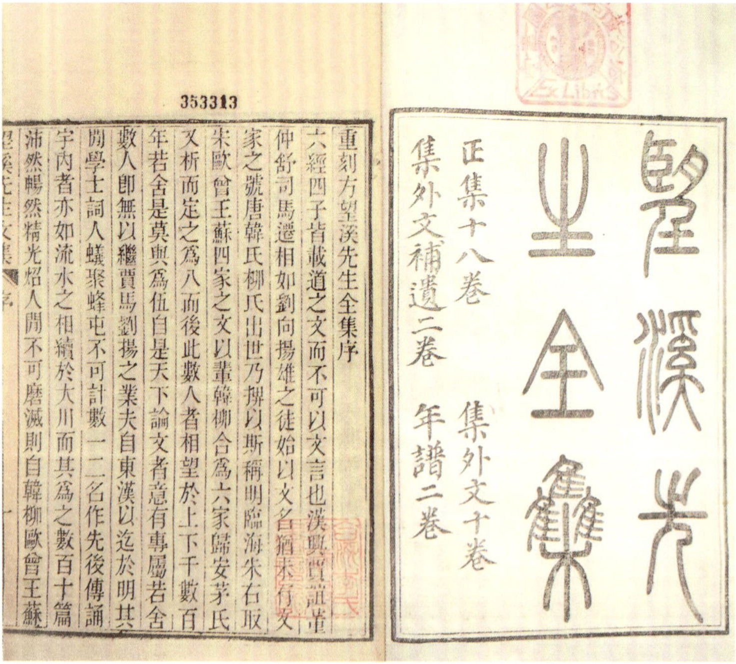
正集十八卷
集外文十卷
集外文補遺二卷
年譜二卷
353313
重刻方望溪先生全集序
六經四子皆載道之文而不可以文言也漢興賈誼董
仲舒司馬遷相如劉向揚雄之徒始以文名猶未有文
家之號唐韓氏柳氏出世乃捌以斯稱明臨海朱右取
宋歐曾王蘇四家之文以葦韓柳合爲六家歸安茅氏
又析而定之爲八而後此數人者相望於上下千數百
年若舍是莫與爲伍自是天下論文者意有專屬若舍
數人即無以繼賈馬劉揚之業夫自東漢以迄於明其
間學士詞人蟻聚蜂屯不可計數一二名作先後傳誦
宇內者亦如流水之相續於大川而其爲之數百十篇
沛然暢然精光熖人間不可磨滅則自韓柳歐曾王蘇
望溪先生文集 序 一

望溪先生文集

清咸豐間戴鈞衡刻本

主編序

嚴佐之

桐城望溪先生方苞，是一位在清代文學史、經學史、理學史書寫上都大名鼎鼎的人物。望溪先生以「學行繼程、朱之後，文章介韓、歐之間」開示爲學宗旨。他的古文，「義法則取鎔六經，氣格則方駕韓、歐」，譽之者「盛相推挹，稱爲北宋後無有」；他的經義，「寢饋宋元經説尤深」，「不爲苟細小辨，詳誦本經及傳注，而求其義理于空曲交會之中」，譽者謂之能「揭櫫大義，每多自得之言」；他的理學，「究心宋賢義理之學」，「一以程、朱爲歸」，譽之者稱其「立身一依禮經」，「儼然以衛道自任」。除古文、經説、理學三者卓然名世之外，尚有經世之學大可標舉，即全祖望墓銘所謂「其用之足爲斯世斯民之重」者也。然而，望溪先生又是個在各方面都極具争議的人物。他的古文，錢竹汀以爲「所得者古文之糟粕，非古文之神理」；他的經説，阮雲臺編刻皇清經解「概不録焉」；他的經世之學，曾滌生以爲「持論太高」，「迂闊而不近人情」；甚至他的道學德行，也有人指其虚僞，如梁啓超説「他口口聲聲説安貧樂道，晚年却專以殖財爲事，和鄉人争烏龍潭魚利打官司」。嗚呼！褒貶不一若此，知人論世，不亦難乎！

我對方望溪先生的生平學行素無研究，很久以來，不過是停留在閲讀左忠毅公軼事、獄中雜記等幾篇古文範作的初級程度，至於其他方面的些許獲知，亦多源自耳食而非體悟。只是因爲後來獲得幾次機會認真讀其文、看其書，於是纔有了漸漸走近他、觸摸他的感覺。

第一次機會是二十年前在美國哈佛大學協助沈津先生編撰哈佛燕京圖書館藏中文善本書志，我負責清人經著部分，在一部清乾隆英德堂刻本李灝撰四書疑問中，見有乾隆元年方苞序文一篇，經查乃屬文集未收、書目罕覯之稀見文獻。李灝字柱文，號滄江，江西南豐人，雍正八年歲貢生，授官永寧縣訓導，著述又有易範同宗録、詩説活參、五經疑問、茝堂類稿等。按明代姚舜牧嘗撰四書疑問一書，以其學宗姚江，立説多與朱子異。此書雖同其名，然灝係遵朱之士，其所疑者，乃「就朱訂朱」，所謂「朱子門中獻疑弟子」也。乾隆元年，李灝薦試博學鴻詞，在京師謁見方望溪，出示此書請教。時望溪先生年届六十有九，受命再入南書房，編前明、本朝四書制義，充三禮義疏館副總裁，得此書，激賞之，大呼「先得我心，早發其覆」，遂欣然命筆爲序。序中説道：

> 吾謂当今之害，不在異端、俗儒，並不在僞儒。僞儒之害，害其從事斯道者也。當今之害，患在群奉真儒，不知别白，貿貿焉是其所非，非其所是，反授外道以入室操戈之柄，而害且遍天下。……朱子之學，孔、孟以後所稱世間真儒也。其德業雖集群聖之大成，而畢生

纂述，豈無前後異詞、彼此異見者乎？又豈無因人異説、考覈失是者乎？至於語類所編、文集所載，錯雜牴牾，頗若飛蓬亂繭。外吾教者，適樂藉此以售其黨邪陷正、陰釋陽儒之計。而竇全書者，方且曲意彌縫，左右調合，資以説經，作爲制舉義，是重朱適以輕朱也。……今李生，西江人也。西江之學，多左象山陸氏，而李生獨宗朱子，且於朱子知所抉擇。……余始喟然太息，謂李生是編，知者許爲紫陽功臣，不知者必斥爲狂爲僭，然而善讀朱子者，其必有以察之矣。

方望溪學宗朱子，却毫不諱言朱子學説確實存在可以商榷的疑問，毫不諱言當下危害朱子學最大的，不是「外道」而是「内鬼」，是那群高調尊朱、一味佞朱之人，「重朱適以輕朱」，「捧殺」甚於「罵殺」。方序所表達的深刻洞見與尖鋭批判，反映了康乾時代宗朱學者的自我反思愈趨成熟，讀後印象深刻，尤其是他的「宗朱而不佞朱」主張，旨義甚獲吾心。可以説是受方望溪這篇序文的啓發，使我在此後撰寫書志的過程中，「别具隻眼」地陸續發現不少相似的書例，如汪份增訂四書大全、李沛霖四書朱子異同條辨、陳其凝四書朱子或問語類等。回國後還曾寫過一篇文章，特地揭示這些海外稀見經籍文獻的學術史意義，發表在海外中國學評論專輯上。

第二次走近方望溪，是因爲主持國家社科基金重大項目「朱子學文獻整理與研究」課題，鑒於「朱陸異同之辨」在朱子學史上的特殊意義，專設「歷代朱陸異同文類彙編」子項目，將散見於各類古代典籍中專論「朱陸」或「朱王異同」的單篇文獻輯録一編，於是便有了拿來望溪集前後翻閲一過的機會。在清前期，「朱陸異同之辨」一直是牽涉儒學走向的宏大議題，參與討論者上至碩學鴻儒，下及村野塾師，紛紛意見，各各選邊。望溪先生自青年時代即遍讀宋儒解經之書，遂服膺周、程、張、朱五子之學，以爲「孔、孟以後，心與天地相似而足稱斯言者，舍程、朱而誰與」。他嘗與李剛主數論「格物」不合，與王崑繩激辨程、朱得失，誠然一朱子學脉中人。望溪先生的「朱陸異同」議論文字，主要見諸學案序、再與劉拙修書、與李剛主書、李剛主墓誌銘、重建陽明祠堂記、鹿忠節公祠堂記等文章，且多就「朱王異同」而發。總體而言，他認爲朱子、陽明都是希聖希賢之學，「陽明氏所自別於程、朱者，特從入之徑塗耳，至忠孝之大原，與自持其身心而不敢苟者，則豈有二哉？」然則朱、王「從入之徑塗」，畢竟存在高下密疏之分。學案序一文即對此有所理論：

昔先王以道明民，範其耳目百體，以養所受之中，故精之可至於命，而粗亦不失爲寡過，又使人漸而致之，積久而通焉，故入德也易而造道深。程、朱之學所祖述者，蓋此也。自陽明王氏出，天下聰明秀傑之士，無慮皆棄程、朱之説而從之。蓋苦其内之嚴且密，而樂王氏之疏也；苦其外之拘且詳，而樂王氏之簡也。……然由其道，醇者可以蹈道之大體而不能盡其精微，而駁者遂至於猖狂而無忌憚。此朱子與象山辨難時即深用爲憂，而豫料其末流之至于斯極也。

從程、朱之道，「精之可至於命，而粗亦不失爲寡過」；「入德也易而造道深」；從陽明之道，「醇者可以蹈道之大體而不能盡其精微，而駁者遂至於猖狂而無忌憚」：二者自有差別。顯然，這就是望溪先生選擇「學行繼程、朱之後」的考慮。

清前期儒者大多選擇「尊朱」、「從朱」這條路綫，並「順理成章」地認爲「尊朱」固須「貶王」，「從朱」務必「攻王」。但方望溪不是，他對陽明先生以及「由其道」之「醇者」，仍不失敬重之心。這在他晚年所寫重建陽明祠堂記裏表現尤爲突出，特别表達了方望溪對「陽明氏揭良知以爲教之本指」的「理解之同情」與「同情之理解」：

> 自余有聞見百數十年間，北方真儒死而不朽者三人：曰定興鹿太常、容城孫徵君、睢州湯文正，其學皆以陽明王氏爲宗。鄙儒膚學，或剿程、朱之緒言，漫詆陽明，以釣聲名而逐勢利。故余於平生共學之友，窮在下者，則要以默識躬行；達而有特操者，則勖以睢州之志事，而毋標講學宗指。……嗟乎！貿儒耳食，亦知陽明氏揭良知以爲教之本指乎？有明開國以來，淳朴之士風，至天順之初而一變。蓋由三楊忠衰於爵禄，以致天子之操柄，閣部之事權，陰爲王振、汪直輩所奪，而王文、萬安首附中官，竊據政府，忠良斥、廷杖開。士大夫之務進取者，漸失其羞惡是非之本心，而輕自陷於不仁不義。陽明氏目擊而心傷，以

爲人苟失其本心，則聰明入於機變，學問助其文深，不若固守其良知，尚不至梏亡而不遠於禽獸。至天啓中，魏黨肆毒，欲盡善人之類。太常、徵君目擊而心傷，且身急楊、左之難，故於陽明之説直指人心者，重有感發，而欲與學者共明之。然則此邦人士升斯堂者，宜思陽明之節義勳猷，忠節、徵君、文正之志事爲何如，而己之日有孜孜者爲何事，則有内愧而寢食無以自安者矣。又思陽明之門，如龍溪、心齋，有過言畸行，而未聞其變詐以趨權勢也。再傳以後，或流於禪寂，而未聞其貪鄙以毁廉隅也。若口誦程、朱而私取所求，乃孟子所謂「失其本心」與穿窬爲類者，陽明氏之徒且羞與爲伍。

陽明「致良知」之教，一向被宗朱學者認爲是其用以與朱子「分庭抗禮」的理論武器。但也有爲之申辨者，如方望溪十分推崇的潛庵先生湯斌，就認爲「王守仁致良知之教，返本歸原，正以救末學之流弊」。望溪説湯斌之學「以陽明王氏爲宗」，其實湯潛庵嘗言其學宗程、朱：「反復審擇，知程、朱爲吾儒之正宗，欲求孔、孟之道而不由程、朱，猶航斷港絶潢而望至於海也，必不可得矣。故所學雖未能望程、朱之門牆，而不敢有他途之歸。」可知望溪先生對良知説的同情與理解，亦有所自。但他在祠堂記裏舊題重申，實寓「借題發揮」之意，矛頭所指，正是那些「口誦程、朱而私取所求」、「失其本心與穿窬爲類」，活躍於當時的僞朱子學者。由此見得，方望溪對陽明良知説的點贊，更有出自現實關懷的目的。他另一篇鹿忠節公祠堂記也有類似之説：

余嘗謂自陽明氏作，程、朱相傳之統緒，幾爲所奪。然竊怪親及其門者，多猖狂無忌，而自明之季以至於今，燕南、河北、關西之學者，能自豎立而以志節事功振拔於一時，大抵聞陽明氏之風而興起者也。昔孔子以學之不講爲憂，蓋匪是則無以自治其身心，而還奪於外物。陽明氏所自別於程、朱者，特從入之徑塗耳，至忠孝之大原，與自持其身心而不敢苟者，則豈有二哉？……吾聞忠節公之少也，即以聖賢爲必可企，而所從入則自陽明氏。觀其佐孫高陽及急楊、左諸公之難，其於陽明氏之志節事功，信可無愧矣。終則致命遂志，成孝與忠，雖程、朱處此，亦無以易公之義也。用此知學者果以學之講爲自事其身心，即由陽明氏以入，不害爲聖賢之徒。若夫用程、朱之緒言以取名致科，而行則背之，其大敗程、朱之學，視相詆訾者而有甚也。

文章從明末姚江學者鹿繼善「終則致命遂志，成孝與忠」契入，提出聖學要在「自治其身心」，若學者但冠程、朱之學以「取名致科」，是「尊朱適以敗朱」，反不如「自陽明氏入」而「自事其身心」，倒也「不害爲聖賢之徒」。在廣文陳君墓誌銘中他又説道：

用此觀之，學者苟能以陽明氏之説治其身，雖程、朱復起，必引而進之以爲吾徒。若嚾嚾焉，按飾程、朱之言而不反諸身，程、朱其與之乎？

這樣的説辭已在一定程度上模糊了「朱王異同」的「門户」邊界——不管朱學、王學，能自治其身心，便是聖人爲己之學。讀望溪先生「朱王異同」議論文字，直覺他是持「從朱而不拒王」的觀點和立場。

近時再讀方望溪書，是因復旦大學出版社編纂出版方苞全集，愚受命承乏部分主編之責，認真審訂點校，遂覺又靠近了望溪先生一步。自朱學勝出，朝廷奉「一先生之言」以正天下之學，然其實際效應却大不盡人意，世風士習轉而大壞。上揭望溪之學「宗朱而不佞朱」、「從朱而不拒王」，就有他出於現實關懷和批判的考慮：「鄙儒膚學，口誦程、朱而私取所求」，「取名致科而行則背之」，「釣聲名而逐勢利」，「變詐以趨權勢」，「貪鄙以毁廉隅」，等等。此皆見於前引文字，而諸如此類者，文集尚且多多。如與劉函三書曰：

僕自客遊以來，所見當世士大夫不少，與之虛言理道，或論他人出處去就，其言侃然，其狀毅然，雖好疑者不忍謂其欺，及覩其臨事，或至近之理，蔽而不察；微小之利，繫而不舍。

又與徐貽孫書曰：

苞嘗歎近世人爲交，雖號以道義性命相然信者，察其隱私，亦止借爲名聲形勢。其確然以道相刻砥，見有利，止之勿趨，見有害，勉之勿避，諒其人之必從而後無悔心者，無有也。

最厲害的還數那篇上奏乾隆皇帝的請矯除積習興起人才劄子，其據實反映之官場怪現象，令人瞠目：

臣見本朝敬禮大臣，優恤庶官，遠過於前明，而公卿大臣抗節效忠者，寥寥可數，士大夫之氣習風聲，則遠不逮也。臣少遊四方，所至輒問守土之吏之爲民利病者。無何而大病於民者已列薦章矣，民所愛戴者多因事罷黜矣。叩其故，則曰此富人也，非然則督撫之親戚故舊也，非然則善於趨承詭法逢迎者也。其罷黜者，則以某事忤某上官耳。間有貪殘而被劾，循良而得舉者，則督撫兩司中必有賢者焉，而亦寥寥可數矣。至於九卿，乃九牧之倡，萬官庶事之樞紐也。督撫、臺垣之條奏，特下九卿，必國體民生所繫，猶叩樹本百枝皆動，而可或有差忒乎？以臣所聞見，凡下廷議，其爲督撫所奏請，則衆皆曰此某部某長官所交好也。或上方嚮用，未敢駁正也。已而議上，則果謂宜從矣。其爲科道所條奏，則衆皆曰原議某所達也，其事某某所不利也。已而議上，則果謂必不可從矣。同官中即有持正而力爭，各部院即有心知其非不肯畫題者，而其議之上達自若也。其保舉僚屬，半出私意，亦不異於外吏，但偪近輦轂，耳目衆著，出於公道者尚可參半耳。是以聖祖仁皇帝中年以後，灼知此弊，刑誅流錮以懲姦貪，拔擢矜全以勸廉吏，而親信清公樸實之人。世宗憲皇帝敬承此意，極力廓清，宵旰孜孜，惟務發外吏之欺蒙，破在廷之結習。十餘年間，少知畏法而終未革心，蓋由營私附勢之習深，而正直公忠之人少也。

士大夫氣習風聲的頹敗，早在康熙中期就已顯露，康熙四十一年頒御製訓飭士子文，雍正三年頒聖諭廣訓，是聖祖、世宗二帝宣示整肅士習、懲姦除貪的標誌。然成效甚微，積弊難除，誠其所謂「十餘年間，少知畏法而終未革心」也。世風士習之不堪，促使方望溪認真反思：「古人之教且學也，内以事其身心，而外以備天下國家之用，二者皆人道之實也。自記誦詞章之學興，而二者爲之虚矣；自科舉之學興，而記誦詞章亦益陋矣。」（送官庶常覲省序）「古之所謂學者，將明諸心以盡在物之理而濟世用，無濟于用者則不學也。」（傳信録序），並促成其中年學術轉變：「余客遊四方，與當世士大夫往還日久，始知歐陽公所云『勤一世以盡心於文字者』，於世毫無損益，而不足爲有無，洵足悲也。故中歲以後，常陰求行身不苟，而有濟於實用者。」（熊偕吕遺文序）其所謂「行身不苟」與「濟於實用」，正是我們通常説的「修身力行」與「經世致用」。

望溪先生「陰求行身不苟」的一個方面，是在倫理行爲上的嚴以律己。或者評論説「苞飭躬不苟，集中自訟之辭，多符於克己之義」。自訟就是自我反省，自我批評，改過遷善，克己復禮。兹且不説「集中自訟之辭」，但舉其摯友李剛主甲午如京記事一文，看望溪先生如何「自訟」：

> 壬辰，聞方靈皋以戴、田有事被逮。癸巳，事解。抵今甲午十月，乃過存。七日，抵京師，知靈皋供應暢春苑，纂修樂律，以母病，告假在都。……黄昏往，靈皋問過曰：「苞居先

兄喪，逾九月，至西湖，暮遇美姝，動念。先君逝，歠粥幾殆，母命食牛肉數片，期後欲心時發，及被逮則此心頓息矣。何予之親父兄不如遭患難也！禽獸哉！」予曰：「自訟甚善，特是三年之喪，天動地岋，雖屬大變，乃人所共有。哀一殺，身一惰，則雜念起。故魯論曰：『喪事不敢不勉。』儀禮曰：『夙興夜處，小心畏忌，不惰其身，不寧。』今舉族北首，老母流離，身陪西市，幾致覆宗，其與居喪常變又殊，故情亦殊也。」又問曰：「心動矣，性忍矣，遇事不能咄嗟立辦，能何由增？」王崑繩嘗誨我曰：『不能辦事，幼習程、朱之過也。』豈迂腐非變故所能移與？」又曰：「老母日迫罪戾，滋加憂之，奈何？」予曰：「先生請以敬，勿以憂。舜遭人倫極變，而夔夔齊慄，惟將以敬，敬則心有主，敬則氣不耗，不能可益，患難可平，禍外加憂，何解于禍？此聖賢常人之分也。」靈皋起謝。

記文數言「靈皋問過」，「問過」亦即「自訟」，是理學「修身」的一個重要進階。近思録卷五「克治」專論「力行」之事，朱子擬題「改過遷善，克己復禮」。蓋「窮理既明，涵養既厚，及推於行已之間，當盡其克治之力」，自檢「七情之發」是否中節，自省「視聽言動」是否有過，有過則意味着受物欲之蔽，便須改過遷善，須「開其蔽以復其本然之善」。望溪先生問過自訟幾近嚴苛，是其爲學尤重修身力行的證明。而關於他「求行身不苟」的，還有通蔽一文可供參證，特摘録於下：

譽乎己則以爲喜，毀乎己則以爲怒者，心術之公患也；同乎己則以爲是，異乎己則以爲非者，學術之公患也。君子則不然，譽乎己則懼焉，懼無其實而掠美也；毁乎己則幸焉，幸吾得知而改之也。同乎己則疑焉，疑有所蔽而因是以自堅也；異乎己則思焉，去其所私以觀異術，然後與道大適也。蓋稱吾之善者，或諛佞之虚言也。非然，則彼未嘗知吾之深也。吾行之所由，吾心之所安，吾自知之而已。若攻吾之惡，則不當者鮮矣。雖與吾有憎怨，吾無其十，或實有四三焉，與吾言如響，必中無定識者也。非然，則所見之偶同也。若辨吾之惑，則不當者鮮矣。理之至者，必合於人心之不言而同然。好獨而不厭乎人心，則其爲偏惑也審矣。

文章通論「毁譽異同」與「改過遷善」之辯證關係，在方望溪爲數不多的理學文章中，是很值得關注的一篇。

「行身不苟」不僅是望溪的自我要求，也是他的交友之道。如前引重建陽明祠堂記曰：「余於平生共學之友，窮在下者，則要以默識躬行，達而有特操者，則勖以睢州之志事，而毋標講學宗指。」而最典型的事例就是他與李剛主、王崑繩的交誼。剛主自束髮即從顔習齋游，中歲復從毛奇齡學，顔主實學，毛主考據，二者並拒斥程、朱。王崑繩「所慕惟漢諸葛武侯、明王文成，而目程、朱爲迂闊」（李剛主墓誌銘）。李、王立學宗旨顯然不同於望溪之「宗朱」，然却無礙三人交爲摯友。望溪説過：「余與崑繩交最先，既而得剛主。三人者所學不同而志相得，其遊如家人。」（王生墓誌銘）崑繩對望溪説：「吾求天下士四十年，得子與剛主。」（李剛主墓誌銘）李剛主與方靈皋書更是稱贊望溪：「篤内行而又高望遠志，講求經世濟民之猷，沈酣宋、明儒説，文筆衣被海内，而於經史多心得，且不假此媕婀侯門爲名譽，此豈近今所能得者。」他們易子而教，崑繩子兆符從望溪學，望溪命長子道章就學剛主。三人惺惺相惜，而鏈接其交誼的紐帶，便是他們共同一致的「默識躬行」與「高望遠志」。

與「行身不苟」相對接的是「濟於實用」，亦即理學之士一向强調的「修齊治平」、「内聖外王」。望溪先生的仕宦生涯始於康熙五十二年，先是「以白衣入直南書房」，復「移直蒙養齋，編校樂律曆算諸書」，長期供事書局，位至武英殿修書總裁、翰林院侍講學士。雖然只是充當御用「筆桿子」的角色，但他並「不甘寂寞」，通過傾慕其才華的李光地、徐元夢，頻頻傳達他對朝廷政事的見解與對策：「公雖朝不坐，燕不與，而密勿機務，多得聞之。當是時，安溪在閣，徐文靖公元夢以總憲兼院長，公時時以所見敷陳，某事當行，某事害於民當去，其説多見施行。」（全祖望前侍郎桐城方公神道碑銘）後來大用於雍正、乾隆兩朝，官拜詹事府左春坊左中允、擢内閣學士兼禮部侍郎，「詔許數日一赴部平決大事」，「時奉獨對，一切大除授并大政，往往咨公，多所密陳」。故今載文集之奏劄疏議，大多是他六十歲後撰作。如江南閩廣積貯議、喪禮議、請定徵收地丁銀兩之期劄子、請定常平倉穀糶糴之法劄子、請復河南漕運舊制劄子、請備荒政兼修地治劄子、擬定纂修三禮條例劄子、請定經制劄子、請矯除積習興起人才劄子、論九卿會議事宜劄子、請禁燒酒事宜劄子、請除官給米商印照劄子、論山西災荒劄子、論考試翰林劄子、修祖陵廟寢議、塞外屯田議、渾河改歸故道議、臺灣建城議、貴州苗疆議、黄淮議等。除此之外,還有與人討論政事的書信,如與顧用方論治渾河事宜書、與常熟蔣相國論征澤望事宜書、與鄂張兩相國論制馭西邊書、與鄂少保論修三禮書、與鄂西林少保論治河書、與西林相國論薦賢書等。茲且毋論其治國理政思想,但就奏題來看,便涉及治河、救災、屯田、邊防、糶糴、積貯、漕運、税賦、臺灣、苗疆、薦舉、育才、禮儀、陵廟等,國計民生之諸多領域;亦且毋論其中是否果有「持論太高」、「迂闊而不近人情」者,但要做到在如此廣泛的領域里發表意見,光有治平之志而無匹配的知識結構,也是萬萬不能的。方望溪先生能做到,當與其爲學取向「濟於實用」有關。

通常而言,清學中最講經世致用的是「盡闢程朱陸王」的顏李實學。李剛主以爲:「朱、陸皆染二氏之學,而陸子直走一誤,朱子則兩顧依違,不能自定其説。此二家之異也。」王崑繩晚歲與剛主「共師事習齋」,嘗面訓望溪「不能辨事,幼習程、朱之過也」。方望溪「中歲以後,常陰求行身不苟,而有濟於實用者」,有否受摯友李、王的影響很難説,但他的學術轉變終究没有脱離程、朱之學的軌道。他認爲朱子與顏習齋的學術主張並無衝突,經世濟民同樣是朱子學説的題中應有之義,朱子的「志節事功」同樣值得尊重。在李剛主墓誌銘一文中,就有他替朱子申辯的文字，强調「窮理盡性」對「施於天下國家」之至關重要：

習齋之學，其本在忍嗜欲，苦筋力，以勤家而養親，而以其餘習六藝，講世務，以備天下國家之用，以是爲孔子之學，而自别於程、朱，其徒皆篤信之。余嘗謂剛主：「程、朱之學未嘗不有事於此，但凡此乃道之法迹耳，使不由敬静以探其根源，則於性命之理，知之不真，而發於身心、施於天下國家者，不能曲得其次序。」……數年，（崑繩）忽至余家，曰：「吾求天下士四十年，得子與剛主，而子篤信程、朱之學，恨終不能化子，爲是以來。」留兼旬，盡發程、朱之所以失，習齋之所以得者。余未嘗與之争。將行，憮然曰：「子終守迷，吾從此逝矣。使百世以下聰明傑魁之士，沈溺於無用之學而不返，是即程、朱之罪也。」余作而言曰：「子之言盡矣，吾可以言乎？子毋視程、朱爲氣息奄奄人！觀朱子上孝宗書，雖晚明楊、左之直節，無以過也。其備荒浙東，安撫荆湖，西漢趙、張之吏治，無以過也。而世不以此稱者，以道德崇閎，稱此轉渺乎其小耳。」

在與萬季野先生書中，他又强調「極學問思辨之功」乃「體道以得其身」的必由之道：

僕性資愚鈍，不篤於時，抱章句無用之學，倔强塵埃中，是以言拙而衆疑，身屯而道蹇。獨足下觀其文章，察其志趣，以謂並世中明道覺民之事，將有賴焉。……蓋嘗以古人之道默自忖省，其無所待而能自必者，獨先明諸心爲善不爲惡而已，至欲體道以得其身，非極學問思辨之功，所謂篤行者，終無本統。「覺民」須「明道」，不「體道」無以「得其身」須，而欲求「體道」、「明道」，則非走「博學、審問、慎思、明辨」之路不可。我覺得望溪先生是一位真能讀懂朱子的宗朱學者。

因鑒於朱子之學不無「前後異詞、彼此異見」、「因人異説、考覈失是者」，所以方望溪「宗朱而不佞朱」；因鑒於陽明之學亦「能自豎立而以志節事功振拔於一時」，所以方望溪「從朱而不拒王」；因鑒於俗學末流溺於科舉，行己無恥，記誦辭章，無濟世用，所以方望溪「中歲以後，常陰求行身不苟而有濟於實用者」，爲學更重「修身力行」、「經世致用」。這是我讀望溪之文而對望溪之學的一點體認，雖知粗淺不堪，然畢竟非同耳食，姑爲之記。

方苞全集既編纂告竣，殺青在即，主事者乃囑我爲之一言，愚以不學固辭未獲。因感新編全集之印行，必於方望溪其人其學研究之進一步深入有所裨益，遂不揣簡陋，但以讀書偶得，率録數語，聊爲序引，並望學界同道、讀者諸君有以教之。

二〇一八年七月古歙嚴佐之於滬上寓所

方苞全集序

胡連松

桐城自古以來人文薈萃，據清代著名學者顧祖禹所做的總結，可知桐城歷代歷史地理的簡要沿革。讀史方輿紀要卷二十六：

桐城縣……春秋時楚附庸桐國也。漢爲樅陽縣，地屬廬江郡。後漢省。梁置樅陽郡，治樅陽縣，隋初郡廢，開皇十八年改縣曰同安，屬熙州。唐至德初改曰桐城。

人們常講人傑地靈，所謂一方水土養一方人，桐城周圍有天柱山（古稱皖山，爲安徽的發源）之勝，就必定能養育出無數的傑出人物。我們翻開現存的康熙桐城縣志和道光桐城縣志，見桐城歷代人物之盛，不勝枚舉。明代後期更是出現了方藥地（以智）這樣震鑠古今的大思想家，至今大家對他的關注和研究還不够。而時光行進至清代初期，出現了一位影響接下來三百年文脈的巨匠，他就是開創了以我們桐城爲名、成爲文學史上很重要的一個文學流派「桐城派」的一代巨子——方苞。

方苞（一六六八—一七四九）字鳳九，號靈皋，亦號望溪，安徽桐城人。清康熙丙戌會試中式舉人，官至内閣學士，兼禮部侍郎。後落職修書，特賜侍講銜致仕。他是桐城文派創始人，並和門人劉大櫆、再傳門人姚鼐被稱爲桐城派三祖。他年輕時文章就被大學士李光地稱贊爲「韓歐復出，北宋後無此作也」。

方苞治學宗旨，以儒家經典爲基礎，以程朱理學爲精神旨歸，日常生活，都遵循古禮。爲人剛直，好面斥人過。

他首創爲文「義法」説，倡道、文統一。他在史記評語中説：「義即易之所謂言有物也，法即易之所謂言有序也。以義爲經，而法緯之，然後爲成體之文。」此「義法」，乃桐城派文法之基礎。後來桐城派文章的理論，即以望溪所提倡的「義法」爲綱領，繼續發展完善，形成主盟清代文壇逾二百年的桐城文派，文風延續至清末民初，甚至成爲偏激的新文化運動所力爲破除的所謂「障礙」，可見桐城派影響之深遠、之巨大。

作爲桐城派之始祖，望溪先生之思想和學術旨歸，首在程朱理學之義理和行履，而爲文乃踐履及述作孔孟精神之餘事，這在他的全部存世著述中歷歷可見。桐城派主盟清代文壇，乃此核心精神在文章上的體現所致。自有現代學科分類以來，打破傳統經史子集四部分類法，將文章學歸爲文學，加以時代風氣以研究文學風格、流派爲風尚，而掩蓋和忽視了桐城派諸子在經學義理層面的主要精神。由復旦大學中文系已故教授劉季高先生整理並于一九八三年在上海古籍出版社出版的方苞集(上下册)，即是這一時代風氣下的作品，在整理水準上達到了當時的最高成就。

新時期以來，國家古籍整理成果卓著，形成了規範有效的整理方法和標準。近年在一些大型古籍整理專案的推動下，古籍整理更上層樓，進入了更新更精更深入的整理規範時期。在這一形勢下，我們想繼承和發揚方望溪的學問和精神，首要的任務，即在於整理出一個對得起時代的方苞全集。有幸的是，復旦大學出版社也有此意，和我們安徽省桐城派研究會一拍即合，聯手合作，依靠復旦大學劉季高教授已有成果和嚴謹學術風氣，以及復旦大學强大的文史學科優勢，充分發揮兩家單位在古籍整理出版方面的豐富經驗，由著名學者彭林教授(清華大學)和嚴佐之教授(華東師範大學)擔任主編，旨在發揚望溪先生生平學問所萃，恢復他清代前期理學名臣之本來面目，弘揚他的思想宗旨，以此彰顯他作爲桐城派始祖在文章方面的意義和卓越成就。

項目啓動以來，各位參與者孜孜矻矻，奮發努力(本研究會林亞敏、魏守軍也參與了相關工作)，終於整理出了一個高品質的方苞全集。這是桐城文化史上的一件大事，也是安徽省桐城派研究會歷史上的一件大事，更是桐城派研究史上的里程碑，希望我們能以此爲起點，將桐城派研究推向更深入、更興盛。

二〇一七年十一月

方苞全集序

劉中漢

「天下文章出桐城」，數百年前華夏大地上的這一文化盛況，昭示着桐城深沉厚重的文化底蘊，體現了桐城崇文重教的昌盛文風，展現了桐城文豪輩出、群賢薈萃的文化奇觀。那些由桐城先賢創作的名篇佳作，世代傳誦，融入血脉，成爲基因，受其浸潤者，行爲處世透着桐城古文般的豐盈和雅潔，神理氣味，熠熠生輝。

桐城派主盟清代文壇兩百餘年，歸附作家一千二百餘人，文論系統，佳作繁富，在中國文化史上蔚爲高峰。被尊爲桐城派開山鼻祖的方苞，對桐城派的發展無疑厥功至偉。他創造性地將春秋「義法」引入到文學之中，强調爲文既要「言有物」又要「言有序」，奠定了桐城派文論之基石。他不僅提出了散文義法理論，而且依據這個理論寫出了獄中雜記、左忠毅公逸事等傳世佳作，與其後的桐城派作家名作一起，豐富了中華的文學寶庫。

這次整理出版的方苞全集，是桐城派文獻整理研究的又一重要成果，也是黨委政府引導、各方聯手合作整理發掘優秀古籍遺産的成功樣本，對傳承方苞的文章實踐、學術宗旨、治學精神，弘揚桐城優秀傳統文化具有重要的現實意義。

文化是一個地方的靈魂所繫、優勢所依、潛力所在，文化興則事業興，文化强則發展强。桐城市委、市政府一直高度重視繁榮發展文化事業，對生發於本土的桐城派，更是不遺餘力地傳承、發揚，促進焕發新的生機活力。我來桐城工作後，深以桐城派的博大精深而自豪，切身感受到桐城優秀傳統文化對現今經濟社會發展的嵌入、促動和影響，它是這座城市的自信、榮耀和靈魂。我們正通過保護遺存、恢復載體、創新形式，打造豐富多樣的文化活態，努力再現桐城傳統文化的恒久魅力。

放眼新時代，市委、市政府將「實施文化强市戰略，打造知名文教名城」作爲五大戰略目標之一，意在把具有鮮明地域特質的桐城派文化融鑄到新時代發展之中，力求創造更多更好的文化産品，滿足人民日益增長的美好生活需要。我們期待各界有識之士、大方之家對桐城文化建設發展給予更多的關心和關注。我們也期待桐城派研究會繼續推出更豐富、更有創新性前瞻性的學術成果，助力文化强市，彰顯文都風采，爲新時代桐城發展再立新功、再譜華章。

二〇一七年十二月十五日

凡　例

一、本全集在全面調查、搜集的基礎上，確定方苞撰著和編纂的全部著作，加以新式標點。全集大致按經、史、子、集四部分類法編排。

二、本全集各種著作所用之底本，以出版時間較早、内容完整、錯誤較少、校刻精良爲標準。所用底本、校本的大致情況，在各著作整理説明中作具體交待。

三、整理過程中，凡箋注類著作，原文頂格，注文低一格，以使眉目清晰；底本雙行夾注改爲單行小字排印；底本卷端的作者、編者題名均予删去，其中重要者於相應整理説明中進行交待。

四、本全集之校勘，以對校爲主，輔以本校和他校，慎用理校。校改原則如下：

（一）凡底本可確定有訛、脱、衍、倒者，據校本補正删改，並出校勘記。

（二）凡底本文字明顯因形近而誤者，如「己」「已」「巳」、「戊」「戌」「戍」之類，徑改，不出校。

（三）凡底本文字與校本有異，文義兩可而難以判斷者，不改原文，出異同校。

（四）凡底本不誤，校本有誤者，一般不出校。

（五）古今字、通假字一般不改，異體字、俗體字徑改爲通行之正字，避諱字予以回改。

（六）底本字迹不清且無他本可校者，用□代替。

五、各書之整理説明主要介紹該書的主要内容、版本源流、所使用底本和校本的情況及整理過程中的一些其他需要説明的問題。

六、全書附録，包括方苞年譜、傳記、著作序跋、提要等資料。所收文獻，止於二十世紀二十年代。

總目

本册總目

朱子詩義補正

杜怡順 整理

整理説明

朱子詩義補正八卷，是方苞詩經研究的代表作。全書通過對朱子詩集傳所做的闡釋、糾誤與補充，大致展現了方苞的詩經學思想。

詩經自春秋中後期成書，歷漢至清，其研究著作可謂汗牛充棟，其大要可分爲漢、宋二系，漢學以毛詩注疏及其相關著述爲代表，宋學則以朱子詩集傳及其相關著述爲代表。自從明初以詩集傳爲藍本編纂詩傳大全，並以此作爲科舉考試標準之後，詩集傳遂取代毛詩注疏，占據了官方定本的地位，直到方苞生活的年代，編纂於康熙晚期、成書於雍正初年的欽定詩經傳説彙纂，仍是在詩集傳基礎上薈聚諸家之説的官方詩經注釋本。

方苞爲學，以程、朱爲宗，其詩經研究，大體也以朱子詩集傳爲指歸。據蘇惇元輯方望溪先生年譜，方苞幼隨其兄方舟讀書，舟「爲講經書注疏、大全，擇其是，辨其疑」。至方苞二十歲，「循覽五經注疏、大全，以諸色筆别之，用功少者亦三四周。其後崑山刻通志堂宋元經解出，先生句節字劃，凡三次芟薙，取其粹言而會通之。……前儒訓釋，一一了然於心，然後究極經文所以云之意，而以義理折中焉。年三十以前，有讀尚書偶筆、讀易偶筆、朱子詩義補正」。可見朱子詩義補正是方苞早年研習儒家經書時所作。

在形式上，本書以劄記的形式對詩經中的二百三十一篇詩歌的疑義進行了疏解，並對詩經中的部分宏綱大旨亦間有辨析。其内容廣泛涉及文字訓詁、篇章大義、史實辨析、天文地理、禮儀制度等方面，體現了方苞博大的學術視野。全書對朱子之説大抵持肯定態度，然對於詩集傳中的疏誤之處，亦多糾正補充，並廣泛徵引前代及當時學者，如毛公、鄭玄、孔穎達、劉敞、蘇洵、李光地、李鐘僑、嚴華谷、李清植、楊中訥、龔纓、黄琰以及其兄方舟等人的論著證成己説，也顯示了方苞不專主一家的可貴的學術態度。

可能是因爲朱子詩義補正係方苞早年作品，故而流傳不廣。目前所能看到的最早刻本，爲清乾隆三十二年單作哲刻本。該本首尾無序跋，卷端題「方望溪先生著　門人高密單作哲編次」。據（民國）高密縣志卷之十四上記載，單作哲，字侗夫，號紫溟。雍正十三年，「以五經魁京闈，桐城方望溪先生得之，進呈，欽定第一卷。丙辰，捷南宫，受業於望溪先生門二載，除縣令」。可見單作哲爲方苞之入門高足，其得傳朱子詩義補正，或當乾隆初年受業望溪門下之時。然此乾隆本在當時流傳甚稀，以至於搜集了大量方苞著作的抗希堂十六種，亦未能收入該著。直到光緒三年，南海學者馮焌光在取得桐城後學蕭敬孚手抄本原書後予以重刻，方使該書免遭散佚。

本次整理，以續修四庫全書影印北京大學圖書館藏清乾隆三十二年單作哲刻本爲底本（稱「原本」），校以復旦大學圖書館藏清光緒三年南海馮氏重刻本（稱「光緒本」），並將光緒本之序跋附於後。由於本書係對詩集傳之研討，故在整理過程中參校了四部叢刊三編影印静嘉堂文庫藏宋本詩集傳。方苞的引文，盡可能核對原書，以作他校。

限於學力，在整理過程中錯誤在所難免，懇請方家不吝賜教。

杜怡順

二〇一八年五月

目録

朱子詩義補正卷之一

國風

孔子删詩，于叢細之事、淫污之辭，備存而不削，所以使萬世之人君因此以識治體，而深探其本也。芣苢、兔罝，何關國事？然婦人皆樂勤其職業，野夫皆自厲于忠良，自非聖人以至誠感人心，以王政運天理，不能有此氣象。鄭、衛、齊、陳之姦聲污人口耳，而具列之，使有國者見之，惕然于便私從欲，有家不閑，如衛宣、齊襄、陳靈、魯桓，既已敗國隕身，滅世絶嗣；即中君承敝，政教不修，民有桑間、濮上之風，則國之滅亡無日。而自上以下，凡有人心者，皆知辨之不早，其末流遂至此極也。其所以警發昏愚，砥維世教，視陳雅、頌之音而尤切矣。毛序、鄭箋必强依于時事，曲附以美刺，皆由未明此義。朱子既疾呼以明辨之，後儒猶曲護序、箋，蓋其私心，終不能無疑于淫污之辭何爲而與雅、頌並列耳。明于此，然後知孔子所謂「詩三百，一言以蔽之，曰思無邪」者，正恐學者昧于備存淫詩之義而特發其覆也。

二南

周南者，周之德化自西而南也。召南者，召公所採南國之詩也。漢廣、汝墳獨列于周南，何也？周興于西北，自北而南，地相直者，正江、漢也。至于汝墳，則又自西而益東，自南而漸北，殷商國畿而外，皆周之宇下，所謂三分天下有其二也。入二詩于周南，而被化之先後、疆略之廣輪，一一可辨矣。其餘各言其國中之事，故列之召南也。何彼穠矣則文、武以後之詩，漢初諸儒誤編入耳。

周南

關雎

序說之誤，朱子辨之詳矣。若去其支謬而專取所謂后妃樂得淑女，義自可通。蓋古者賓祭之事，皆后夫人供之，而衆嬪御佐之，非得淑女，不足以供內職。后妃思得淑女自助，以事君子，未得而求思之深如此，既得而歡愛之篤如此，所以爲女德之至盛而可用爲風教也。朱子不主后妃自作，蓋以「君子好逑」非衆嬪御所可當。但古者文字質略，如兔罝之野人，亦曰「公侯好仇」，則后妃以衆嬪御爲君子之好逑，正足以見其和敬之德，而于詞義亦無害也。以爲后妃自作，則「左右流之」、「左右采之」，比興之義愈切，而「琴瑟友之」、「鐘鼓樂之」之義愈深遠矣。○王后以下，曰夫人，曰嬪，曰婦，曰御妻，蓋進御于君，則有相配耦之義，不得以「好逑」爲疑。

流之，方容裔于水中也。次章興既得，始及采之，言之序也。二章。

「芼」訓熟而薦之，于「左右」義不相應。當從傳訓擇。蓋既廣采之，又擇取美者而棄其敗惡也。末章。

「琴瑟友之」，嬪御皆良，宫事咸理，猶絲弦之相應而無不諧也。鐘鼓樂之，宗廟之事與共籩豆敦鉶，而得與聞禮樂之盛也。惟廟中奏九夏，始備鐘鼓。

葛覃

禮經止載后夫人躬桑，觀此詩，則知凡百婦功，無不親執，所以内事治而女教章也。古者夫婦之禮甚謹，婦之于夫，夫之于婦，有不自言而使人將命者。所以養廉恥、禁狎昵也。妻將生子，夫出居側室，使人日一問之。女子歸寧，使師氏告于君子。閨門之内，儼若嚴賓，所爲起教于微眇者，其意深矣。

卷耳

小序后妃代使臣自我，誤矣，而亦非后妃自我也。古人于其所尊、所親則我之，微子曰「我其發出狂，我用沉酗于酒」是也。況婦人而我其夫，于情尤近。首章言「嗟我懷人」，故下三章歷想其所懷之人登陟之險巇，車馬之殆煩，而致其思慕也。征人勞瘁，永懷永傷，故欲其酌酒以自遣。末則如聞其吁嗟之聲而知其不免于懷傷也。若謂后妃自道，則于「云何吁矣」之義不可通。「云何」者，遥意而想像之詞也。

樛木

后夫人之于衆妾，常恐其上陵而思有以限隔之；衆妾之于后夫人，預料其妒己而思所以曲避之。此恒情也。樛木下逮，葛藟上附，纏綿固結而不可解如此。非盡乎天理之極而無一毫人欲之私，不能也。

桃夭

既曰「宜其室家」，又曰「宜其家人」，蓋婦人固有當于夫而不宜于家人者。記曰「子甚宜其妻，父母不説，出」是也。至于宜其家人，則内外和而父母順，所謂當于其夫者，始不爲燕昵之私矣。

兔罝

婦人皆式于禮，則男子可知矣；武人皆明于義，則士君子不待言矣。此周南于被化之詩，首桃夭、次兔罝之義也。○古者閭里門塾，冬月四十五日之教，農、工、商、賈之子弟皆與焉。小學之幼儀，詩、書之大義，無人不入耳而動于心，故賢者不擇地而出。至周公建六典，則鄉遂之民即六軍之士，親民之吏即百夫、千夫之長。故晉文之興，猶曰「民未知禮，未安其教」、「民未知義，未生其共」。〔一〕觀兔罝之詩及春秋内外傳所載商賈、隸卒之事與言，則知文王作人之盛，及有

〔一〕「民未知禮，未安其教」、「民未知義，未生其共」，左傳僖公二十七年作「民未知禮，未生其共」、「民未知義，未安其居」。

周一代之氣象矣。

芣苢

觀桃夭，則知女教之修，閭閻皆内和而家理；觀芣苢，則知蠶織之隙，婦人皆樂事而務藏。其事至微，而非禮義彰明、太和翔洽、四民樂業、萬物熙熙之世，無此氣象。所以列于風始，以著其爲德化之成也。

漢廣

禮記：孝子「舟而不游」。楚辭：「乘氾泭以下流，無舟楫以自備。」泳，游也。方，柎也。泳與方非涉川之正道。水之大者，非舟楫不可通；女之貞者，非禮義不可接也。

召南

鵲巢

婦人之德，惟不妒尤難。故周南首關雎，召南首鵲巢，蓋嫡之性行素信于姪娣，故以從媵爲樂而咏歌之。首章言夫家之迎，次章言母家之送，末章言婚禮之成。即衆媵之歡欣和樂，而夫人之德可想矣。

李光地曰：鵲之有巢，興夫人之有家也；鳩居而盈之，興諸娣之相從也。方，比也。始行同此百兩，既至分處三宫，皆得比方于夫人，故深以爲幸。二章。

采蘩

左傳：蘋蘩薀藻之菜，用之以薦。七月之詩，采蘩祁祁，用之以蠶。故朱子並存之。

副、編、次皆被于首者，故謂之被。朱傳：「編髪爲之。」蓋總此三者，而群儒必以被爲次，曲生支節，自相糾縛，固矣！

草蟲

既云見，又云覯者，始見面相覿，覯則語相交、事相接也。

采蘋

古者賓祭，必使主婦即事，蓋夙備其物，則勤而不荒。莅事于廣衆之中，則斂飭其儀容，堅凝其德性，有不知其然而然者。此詩之稱季女曰「有齊」，采蘩之詩曰「被之僮僮，夙夜在公」，楚茨之詩曰「君婦莫莫」，所以著婦德、婦容之正而爲天下法者，可謂至矣。

甘棠

周官遺人職，十里有廬，三十里有路室，五十里有候館，必三代之通制。而召伯巡行，草舍露宿，何也？周諮周度，必環視四境，不得盡由經涂。其巡行住來樹下，至再至三，或止宿，或久憩，或暫稅，情事非一，故土人追思詳言而嗟歎之。

伯非方伯也，若文王時召公爲方伯，則受命稱王之説，不爲妄矣。古者五十以伯仲，詩稱召伯，如春秋傳所稱荀伯、欒伯、原仲、祭仲之類。○茇，信宿也。憩，休息也。税，暫止也。至暫止之地而不能忘，所以爲思慕之深也。

行露

行露之詩，世人多引韓詩及劉向列女傳，以爲申人之女許嫁于酆，夫家不備禮而欲迎之，雖致獄訟，女終不行。誣矣哉！嬰與向胡爲而傳此乎？蓋此詩既女子所自作，則失怙恃，且無兄弟之依可知矣。曰許嫁，則許之者必父兄也。遭家之變而莫爲之主，雖自歸于舅姑，不得謂非義，況其夫就而迎之乎？既有獄訟，以召伯之明，則必開以大義而官爲之配矣。其詩曰「誰謂女無家」，信如所傳，是故有室家之約也。以一禮未備而終不肯行，則將轉而之他乎？此害義傷教，不近于人情，而可列正始之風，以爲教于閨門、鄉黨、邦國與？嬰、向之蔽，良由未達于「室家不足」之云，而以辭害義。不知設詐以求偶，即此已不足爲人夫，此貞女所以疾之深而拒之決也。以朱子之勤經，豈其未見嬰、向之書？蓋嚴而斥之，以無溷後人。而群儒乃援集傳「禮或未備」一語以曲證其誣辭，不亦悖乎？

摽有梅

女子之嫁也，行不辭，戒不諾，所以遠恥。至曰「迨其謂之」，抑甚矣。當爲求賢之詩。世亂則人材凋喪，如果實剥落，存者日稀。「迨其吉兮」，必吉士乃能勷相國家也；「迨其今兮」，恐後時也；「迨其謂之」，欲其相招而朋至也。

小星

記：「妻不在，妾御不敢當夕。」言夫人所當之夕，若以故不得進御，則衆妾不敢當此夕也。朱子所引疑誤。

江有汜

水決而復入爲汜，岐而爲渚，江之别者爲沱，皆大水之支流，猶姪娣之附于女君也。

野有死麕

男子以非禮相誘，非大無良者，豈肯目挑心招，但倉皇奔避而容止不戒，亦無以見其德之貞、儀之一矣。此蓋旁觀之人見此女徐徐而退，未嘗動其帨，未嘗驚其犬，故賦其事以美之。曰「無感我帨」，作詩者代女子而自我也。古樂府「結我紅羅襦，脱我戰時袍」，皆作者代女子自我。晉周伯仁之父遇絡秀汲井，率騎聚觀，絡秀容止如常，以此卜其賢，可與詩義相證。不過指其威儀容貌之美。蓋當春，正女子有懷之時，而誘者美士，復有易感之道。與女子相誘而以爲吉士，何也？暫時所見，不惡而嚴，其堅貞精白，真可以比德于玉矣。末章。乃整容以退，

騶虞

陳氏據射義，以騶虞爲官。而歐陽氏以騶爲馬御，虞爲山虞、澤虞，「壹發五豝」爲五豕而一取，尤爲精核。蓋葭茁獸蕃，虞之得其職也；獸雖多而不盡取，騶之得其職也。古者田獵，有驅逆之車，射者中否，每聽于御者。詩曰「不失其馳，舍矢如破」，又曰「公曰左之，舍拔則獲」。故田事以騶爲主，而與虞並稱也。朱子謂「壹發五豝」猶言中必疊雙，似非詩人之意。蓋中或疊

雙，斷無壹發而得五豕之理。況天子不合圍，諸侯不掩群，若以盡物爲心，則于禮爲過，且與頌文王澤及草木、昆蟲之意相剌謬矣。蓋豝隱于深葭之中，一豝負矢，其群皆奔，故壹發而五豝齊見耳。

朱子詩義補正卷之二

鄘至曹檜十二變風

漢、唐諸儒，于變風傅會時代，各有主名，以入于美刺。朱子既明辨之，而世儒猶嘵嘵，以至于今。蓋謂一國之詩，數百年之久，所存必政教之尤大者。閭閻叢細之事、男女猥鄙之情，即間録以垂戒，不宜其多至于如此。而不知删詩之指要即于是焉存。蓋古者自公卿至于列士，職以詩獻，必與草野之風謡並陳。而衰世之臣，孰是如大雅之舊人、家父、凡伯者乎？若並史克之頌魯，則何關于勸懲哉？孔子魯人，故于魯頌不敢去其籍。故淇澳、緇衣而外，所存者惟士大夫憂時閔己之詩，然亦寥寥無幾。而叢細猥鄙之辭，與美刺昭然可爲法戒者，同收並列，且無一之或遺。蓋民俗之真，國政之變，數百年後廢興存亡昏明之由，皆于是可辨焉。稽之春秋，中原建國，兵禍結連，莫劇于陳、鄭，衛次之，宋又次之。而淫詩惟三國爲多。樂記雖云宋音、燕女溺志，然特論其音，且燕女非必淫奔也。以此知天惡淫人，不惟其君以此敗國亡身殞嗣，其民夫婦、男女亦死亡危急，焦然無寧歲也。而淫詩之多寡，實與兵禍之疏數相符。則删詩之指要，居可知矣。齊、晉、秦三國最强，而兩國無淫詩。齊襄以鳥獸之行大敗民俗，故絶世不祀，尤先于陳、鄭。崔杼弑君，陳氏竊國，皆由女禍，而其詩終于猗嗟、載驅〔二〕、敝笱，始于雞鳴。秦之亡以親奄幸，疾師儒，而其詩始于車鄰、駟驖〔三〕，終于「夏屋」。唐俗勤儉，固其所以興也，然纖嗇筋力，則艷于利而易動以私，故其後趙盾、欒書皆爲國人所附，而晉卒分于三族，乃桓叔武公爲之嚆矢耳。國以此始，亦必以終，兹非其明鑑與？若魏，若曹，若檜，國小而鄰逼，故君民同憂，未敢淫逞。而君少偷惰，臣或貪愚，則國非其國矣。總而計之，邶、鄘無徵，魏、檜早滅，衛、鄭以下七國之亡徵，並于所存之詩見之，非聖人知周萬物而百世莫之能違，其孰能與于此？然則鄭之亡轉後于陳，而衛之亡又後于宋，何也？鄭之淫風盛于下而未及其上，衛有康叔、武公之遺德，雖至季世，猶多君子。國于天地，必有與立。或同始而異終，或將傾而復植，豈可以一端盡哉？故曰：天命無常，一以人事懸衡。則知其終無爽忒矣。

〔二〕「載驅」，原本作「載馳」，據詩經篇目改。
〔三〕「駟驖」，原本作「駟鐵」，據詩經篇目改。

邶風

柏舟

茹，容納也。鑒乃無情之物，故能好醜並容；人則心知是非而有羞惡，群小之猖狂，君恩之涼薄，豈能漠然不動于心哉？倚兄弟以抗其夫，非禮也；愬于兄弟而反見怒，非情也。蓋謂女兄弟耳。娣，女弟也，而女兄亦有爲媵者，「問我諸姑，遂及伯姊」是也。正嫡既與君不相中，則其姪娣皆君所不禮。是以雖有衆繁相從者，而不可依倚，或以群小之讒慝愬于君，而反逢君之怒也。次章。

春秋左傳：秦伯之弟鍼奔晉，曰：「鍼懼選于寡君。」注：「選，數也。懼數其罪也。」此蓋自反，未嘗失言失色，有可數之過也。三章。

「寤辟有摽」，寐而拊心，以至驚寤也。四章。

人臣之義，三諫而不聽則去之。此云「不能奮飛」，婦人不當于夫之辭也。末章。

燕燕

古人相愛以德，愛之篤則憂之深。以莊姜之賢，與戴嬀相信之久，而其别也，猶勉以先君之思，若懼于婦道之不終者，厚之至也。末章。

日月

莊姜賢者，不獨以失愛自傷也。内寵蔑正，嬖子配適，亂本成矣。故呼日月而訴之，言日月無私照，故爲下土所仰。今君之昏悖若此，國家之事胡能有定？寧止于不我顧、不我報而已乎？三章言「胡能有定」，而使我之憂思爲可忘耶？卒章言「胡能有定」，若能有定，則君之答我不以禮者，亦不必復陳述之矣。

凱風

一則曰「母氏劬勞」，再則曰「母氏勞苦」，非徒念母，亦使其母念育子之艱而不忍去室也。

一則曰「有子七人」，再則曰「有子七人」，非徒自責，亦使其母覺年歲已長而顧惜名義也。○程子謂臣罪當誅，天王聖明，深得文王之心。朱子以爲臣之于君，與子之于父母不同，未有以紂之悖亂而文王見爲聖明者，非凱風之比。愚按，子于父母，其淫昏大惡，亦未有不心知其非者。七子所謂聖善，通明慈惠之稱耳。女子固有通明慈惠而獨不能以志節自堅者，文姬、甄后之類是也。

雄雉

此詩大旨，與北山、小明相類。「自詒伊阻」，以忠勤而獨肩勞役也。末章有「大夫不均，我從事獨賢」之意。蓋當時同官，必有忮害其君子之能而求多以困之者，故歎其不知德行也。春秋傳：宋樂祁言晉不可不遣使，因使祁往而見執。國策：趙孌人建信君欲困其才臣葺，請厚任以事。參觀可得此詩之意。

匏有苦葉

此詩通篇皆比興，蓋刺汲汲干進而不能以禮自守者。濟盈則當以濡軌爲戒，易所謂「曳其輪，無咎」也。士如求女，則必以其時，必以其物。君如求士，則必以其禮，豈可不度淺深而冒進，不待雄鳴而先求乎？末章言雖有招舟而不可輕涉，蓋君子以道自重，必待同心一德之君，而後可以相就也。曰我友，亦比喻也。或曰：古者公卿大夫，賓興賢能，士之始進，非其人不自，故曰「卬須我友」。○霜降而婦功成，嫁娶行；冰泮而農桑起，婚禮殺。故曰「迨冰未泮」。集傳誤。

谷風

恩義不終則德有違矣，夫婦道苦，聲播族婣，則音有違矣。首章。

言今者詒我以勞而猶致其武怒，猶不念昔者恤我之勞而招我以休息耶？末章。

式微

李清植曰：其始也，必以失國之故，控于大邦而求定焉，故曰「微君之故，胡爲乎中露」；既而援絶志窮，淹卹在外，則惟君臣相守而已，故曰「微君之躬，胡爲乎泥中」。

旄丘

次章測其必有與，必有以，故三章疑其無與同心者而不能來。蓋救患分災，非一國所能獨任也。觀齊、晉主盟，凡役必合諸侯可見。至于終不見恤，乃知非無同心也，非有他故也，乃衛之君臣褎如充耳焉耳。曲折以體其情，而終乃質言以責之，忠厚之至也。○首章曰「何多日也」，次章曰「何其處也」，三章曰「匪車不東」，似處其所而待救者。豈作于迫逐流離，尚自保其餘邑，而其時尚未寓于衛與？

簡兮

賢者無自言簡易不恭之義，周書「夏迪簡在王庭」，詩人蓋自言被簡擇而爲伶官耳。齊風「舞則選兮」，蓋樂人必簡擇其能者。

新臺

昭五年春秋傳：「葬鮮者自西門。」注：「不以壽終爲鮮。」詩人之意，蓋謂齊女本燕婉之求，而此惡疾之人，乃不遄死而爲此醜行也，與次章「不殄」意同，非謂病之不已也。

鄘風

牆有茨

不言宮室庭階而言牆，喻國毋據崇高而爲淫慝，臣民雖知其惡，無道以除之。○內外亂、鳥獸行者，惟天子當舉九伐之法，非弑君篡國，臣民皆得而誅之之比也。齊桓之誅哀姜，以姜齊女，又桓爲方伯，得專征討。觀齊桓以前夷姜、宣姜、文姜之事，可見齊桓一匡天下之功。

君子偕老

虞書：「予欲觀古人之象，日月星辰山龍華蟲作繪，宗彝藻火粉米黼黻絺繡，以五采章施于五色作服。」故朝祭之服曰象服。首章、次章言祭服之盛，末章言禮見于君，及見賓客之服，所以深歎其不宜也。臨之以先君，質之以賓客，重之以禮見，其爲愧怍，不必言矣。

宗廟嚴肅，族姓具瞻，以鳥獸行之夫人被象服，靦然展事于其間，國恥莫大焉。乃如之人，天胡然而使播惡于我邦也？帝胡然而使大亂乎人紀也？故倒其辭而隱約其義，乃忠臣悲憤之極思也。二章。

言婦人當暑袗衣，必蒙縐絺以自斂飭，檢身之嚴也。棄位而姣，醜聲播揚，徒致飭于小節，可掩蓋乎？○首章斥言其不淑而莫可如何，故次章呼天而訴之，末則極歎其姿容，又以見先君逆子皆由此誤，以致其深痛耳。末章。

定之方中

春秋傳：文公元年，革車三十乘，季年乃三百乘。此詩云「騋牝三千」，則于季年追述其始事也。凡傳所稱謹身儉用，敬教勸學，授方任能，無一及焉，而獨舉其夙駕桑田一事。蓋人君能知小民之依，則所以克己厲俗，任賢修政，皆有不能自已者矣。周公戒成王先知稼穡之艱難，蓋君心敬肆之原，百政廢興之本也。○記：「問國君之富，數地以對，山澤之所出。」朱子所引誤。○先言樹木而後及田桑，以制疆、封樹、主田、表道，作邑之始事也。敗亡播遷，即預植良材，爲禮樂之器。「秉心塞淵」，即此可見。首章。

干旄

兩服、兩驂止四馬，而曰「五之」、「六之」者，或以備更代也。夏書曰「若朽索之馭六馬」，又似皆用以駕者。豈古有其法，而後世無傳與？

載馳

許大夫止夫人之行，必曰吾將爲控于大邦。此許人之所思也，故夫人疑之曰：控于大邦，果何所因，何所至乎？爾無我尤，爾所思不如我所之也。

衛風

淇澳

「如切如磋，如琢如磨」，原始而見其學修之篤也；「如金如錫，如圭如璧」，要終而美其德器之純也。次章則言德容之稱其服，末章則著其動容周旋之中禮，以見其爲盛德之至也。「如金如錫」，言其剛柔之合德也；「如圭如璧」，言其方員之中度也。末章。

考槃

寬，謂去離世途之迫隘也。薖，義無考，疑謂所以自藏也。軸，所迴旋也。弗諼，其樂不可忘也；弗過，若將終焉，不復去而他適也；弗告，使世人不得窺尋其聲光也。

碩人

莊姜德行、文章之美，無一及焉，而所矜大皆世俗之淺意，何也？此詩人之微旨也，以爲夫人德行、文章之美，君縱不及知，而族姻之貴，顔容之好，服飾之盛，士女之都有目者共睹，而君亦不知，所以深訝莊公之狂惑而歎禍變所從生，其理有不可解者也。

氓

此必當時學士目見其事，假棄婦自悔之辭，以垂戒于後耳，非其人所自作也。所私者抱布之氓，觀篇中「乘彼垝垣」、「送子涉淇」等語，則爲下户單門之女可知。安能言成文典，盡風賦、比、興之義，可歌可誦如此哉！若齊之丰，鄭之狡童、蘀兮，則淫女或能自道耳。

末章曰「老使我怨」，又曰「總角之宴」，則爲夫婦者久矣。「三歲爲婦」，乃計其食貧之日耳。「靡室勞矣」，謂室中之事靡不躬執其勞也。五章。

芄蘭

作者見童子之垂帶而爲之心悸，猶蜉蝣之詩人見時人之采采衣服而心憂也。「容兮遂兮」，不知自懼之貌。惟童子不知自懼，故見者代爲之懼也。○「能不我知」，言其能則我不知也。

伯兮

賦也。離憂之人，感時思遠，觸景增悲，或雨或暘，皆惻然有隱也。三章。

有狐

此詩訓婦人以夫遠出，感物起興而憂其無裳，理亦可通。但古書言狐，無以爲善物者。其在詩，則「雄狐綏綏」、「莫赤匪狐」，皆惡之之辭。風人比物，必以其類，故朱子斷爲寡婦見鰥夫而欲嫁之。

木瓜

此詩，序以爲美齊桓公，固無所據。但玩其辭意，實無頗邪，其諸朋友贈答之詞與？

王風

世儒謂讀王風而知周之不再興，非深于詩者之言也。方是時，上之政教雖偵，而下之禮俗未改。其君子抱義而懷仁，其細民畏法而守分。以道興周，蓋視變魯、變齊而尤易焉。黍離、兔爰，憂時閔俗，百世以下，猶使人悱惻而流連。「大車檻檻」，師都猶能正其治也；「君子陽陽」，匿迹下僚而不改其樂也。采葛憂良臣之見讒，丘中懼賢者之伏隱。觀其朝，有若榮公、皇父、師尹之敗類者乎？君子于役，發乎情，止乎禮義者無論矣。葛藟悲無兄弟，則宗子收族大功同財之淳風猶未泯也。戍者懷其室家，而于君長無怨言，思奔之女自誓于所私，按其辭意，亦未嘗心非其大夫。觀其民，有若晉國之誣于欒氏，齊、魯之隱民心歸于陳、季者乎？十篇之中，淫志、溺志、敖辟、煩促之音，無一有焉。蓋自周公師保萬民，君陳、畢公繼治于伊、洛，自上以下，莫不漸于教澤，愜于德心，而知禮義之大閑。故降至春秋，篡弑攘奪接迹于諸夏之邦，而王室則無之，以衆心之不可摇奪也。子頽、子帶、子朝之亂，國民嚮順，官師守常，故侯伯、公卿倚是以定謀，而亂賊皆應時誅討。使當是時，上有宣王，下有方、召，則其興也勃矣，而況託國于周、孔乎？然孔子志在東周，其于齊、衛之君猶睠睠焉，而適周則未嘗一自通于王及二三執政，何也？蓋周之政在世卿久矣。以羈旅之士，一旦而奉社稷以從，非上聖如湯、文，安能蹈此？故必得大國而用之，踐桓、文之迹，然後能成周、召之功，此孔子之志事也。世儒以周不能興，遂謂王風氣象苶然，不可振起，是所謂見其影而不見其形者也。孟子言，誦詩讀書，道在知人論世，而自道其學曰「知言」，有以也夫！

黍離

此詩似預憂小人釀亂而歎衆人之憒憒，故呼天而問之，謂如此之人，何故使當要津以厚其毒也？

君子于役

聘問征戍，家人未有不知其地者，「曷至」，謂何日而至家也。○始猶望君子之歸，終則第願其無飢渴而已。厚之至也。

揚之水

征戍無與室家偕行之理。「彼其之子」，謂其儕伍之居息者，猶北山「大夫不均」之歎也。蓋戍者不得代而託怨于儕伍，以刺其上耳。

兔爰

國是既非，至于群邪項領，方正戮没，則百度皆亂，可憂之端不一而足，所見之象無非不祥，故曰「逢此百罹」、「逢此百憂」、「逢此百凶」。而致此皆由上有昏德，故曰「尚寐無吪」、「尚寐無覺」、「尚寐無聰」，言事已至此，而尚若寐者之無知也。蓋不敢斥其上而姑泛言之，世治則清静寧一，各安其業，若無事者，故曰「尚無爲」也。國將亡，必多制，時平則無所創作，故曰「尚無造」也。世未極亂，則亂政猶未敢亟用，故曰「尚無庸」也。

葛藟

「亦莫我聞」，我之休戚，若不相聞也。

采葛

序謂懼讒，亦可通。蓋人臣遠離君側，則讒間易生。故賢者偶以事出，而國人皆代爲之憂也。

大車

以此心用之于正，則唐風「百歲之後，歸于其居」也。晉有陶唐之遺，則婦人之貞信如彼；東周地密邇鄭、衛，則淫女反以誓心于所私。上之化下，下之從上，如泥在鈞，如金在鎔，信哉！末章。

丘中有麻

此詩箋、疏穿鑿，幾不可解。而序所謂賢人放逐，國人思之，理亦可通。蓋賢者屏處丘園，國人思之，以爲丘中有麻之地，子嗟留之，是彼留子嗟也。安得見其施施而來乎？末章則望其復來而有以益我也。

朱子詩義補正卷之三

鄭風

緇衣

三章皆反覆以致其愛慕，而首曰「緇衣之宜」，則宜者可以勸，而不宜者可以懲矣。

大叔于田

服以駕衡而持轅。上襄，上駕也，與「雁行」文對，似非上駟之謂。

清人

以春秋傳證之，然後知先王井伍丘乘之法，教孝作忠，諸善備焉。蓋有田有宅之農民，各愛其父母、妻子，見主將失意于君，則鳥獸散而歸其家，況能挾之以叛逆乎？自秦、漢以後，用招延募選之兵，然後入伍籍者類皆獨身無藉，素行不足自託于鄉里，故將吏豢以私恩，縱之淫掠，則逐帥、叛君，如渴得飲。良民土著者不得不屏息以從，馴至大亂。應募者少則按户籍以選丁男，不教而戰，驅赤子于必死之地，不亦痛乎！井田不能驟復，則唐之府兵、明之衛所，乃百世不易之良法也。明塞外諸衛，全家在軍者，家免一人；内地衛所，軍單丁者復還爲民。

羔裘

非舍命不渝，不能爲邦之司直。雖贊美之辭，可使聞者怵然爲戒。

遵大路

序以爲思君子，理亦可通。蓋託言君子將去，要于路而執其袪，謂之曰：「子無我惡，故國不可以遽絶也。」下章仿此。賢者不見禮于君，而浩然長往，則必惡留者之言而以爲醜，故曰「無我惡」、「無我醜」也。

有女同車

集傳謂與所奔之男子同車，非也。玩其辭意，乃見車中之女而慕悅之，絶無既得所欲而挾以同車之意。序謂國人追咎鄭忽失婚于齊，義似有著。曰「有女同車」者，國君嫁女，必以姪娣從。如華、如英，乃想像之辭，「爛其盈門」之類也。「將翱將翔，佩玉瓊琚」，言孟姜將與同車之女翱翔佩玉而來歸也。「德音不忘」，忽雖辭婚，而齊侯愛忽親鄭之德音則不可忘也。所以志忽失大援以致喪位隕身之意，隱然可思。若以爲男女同車以奔，則「將翱將翔」、「德音不忘」，義皆無處。

山有扶蘇

伯陽父謂幽王棄高明昭顯而好讒慝頑童，衛彪傒謂周高山廣川大藪也，故能生之良材，而幽王蕩以爲魁陵、糞土、溝瀆。參觀之，可得此詩之義。山澤宜生良材，喻朝廷宜宅賢俊也。子都、子充之不見，喻賢俊之伏匿也。荷花出污泥而不染，喬松經嚴冬而不彫，則扶蘇、游龍，亦必草木之貴美者。

狡童

朱子決此爲淫女之辭，以「不與我食」，非男女不宜如此暱近也。按周官：「槁人共外内朝冗食者之食。」〔二〕春秋傳：「公膳，日雙雞。」同僚治事于公所，必常會食。此必心懷嫉惡而易期以相避也。

〔二〕「外内」，原本作「内外」，據光緒本及周禮地官槁人改。

丰

衣與裳對，俱當作平聲。

風雨

小序：世亂而君子不改其度。劉向、曾鞏皆承用之。蓋風雨沓至而如晦，猶世之昏亂也。雞鳴在暗而思曙，猶君子居亂而思治也。君子不改其度，則世道可挽，故見之而心悦，如疾之去其體焉。

揚之水

朱子引戴記，以兄弟爲婚姻之稱，與「終鮮」文義不協。詩人蓋遭兄弟之不類，而戒以無信讒言以疏同氣也。「揚之水，不流束薪」，喻門祚衰薄，以起「終鮮兄弟」之義也。骨肉相疑，必有讒人交構其間，故正告之。

齊風

雞鳴

楊中訥曰：蠅有聲則不止于雞鳴矣，日有光則不止于東方之明矣。故末章曰「會且歸矣」，皆驚疑其已晏也。「月」當作「日」。○予，與也。庶幾無與子以憎也。

著

余少讀著，疑與鄭之丰、衛之桑中爲類，而非譏不親迎。親迎之禮，壻本御輪三周，先俟于門外，且跬步之頃而三易其瑱。不惟無此禮數，亦非事之情。及少長，見班固地理志，然後得其徵。蓋此女所奔者非一人，東方之日則奔之者非一女也。齊自襄公鳥獸行，下令國中，長女不得嫁，爲家主祠，名曰巫兒。至東漢之初，俗猶未改。故當其時，奔者亦若無怍于父兄，受其奔者亦可無憎于里黨。蓋惟聽其奔，然後可以安人情、別天屬也。顯言而公傳道之，是以鄭、衛之詩，按其辭可知爲淫奔，而著與東方，其事、其辭與夫婦之唱隨者幾無辨也。國語稱襄公田狩畢弋，不聽國政，而惟女是崇。則還與盧令亦同時所作耳。齊之立國能强，由其民習于武節，而其後簒弑竊國之釁，皆由女寵。其詩十篇，二爲遊田，六爲男女之亂，而冠以古賢妃之警其君。蓋齊之所以始終者具此矣。孔子删詩，事有細而不遺，辭有污而不削，以是乃廢興存亡之所自也。非然，則鄭、衛、齊、陳之淫聲、慢聲，胡爲而與雅、頌並立與？

猗嗟

龔纓曰：「以禦亂兮」，辭義凜然。蓋責其何不用以復讎討賊也。末章。

魏風

觀首二篇，則知公室宗族褊急而無禮；觀末二篇，則知卿尹有司貪暴而不仁。是以行者則勞于征役，不得養其親；居者則困于誅求，不得安其土。其隱者則懷憂而莫告，其仕者則懼亂而思閑。十畝之詩，似感于桃園而作也。〇魏風非既併于晉之詩，觀伐檀、碩鼠可辨。晉自曲沃桓叔以好德爲國人所附，至于武、獻，方務撫輯其民而用之，豈肯使之失所而永號？

所云「樂土」、「樂郊」，未必非望走在晉也。觀唐風「既見君子，云胡不樂」、「我聞有命，不敢以告人」可見。

葛屨

國風首篇，多言公室之事，象揥非群下所敢佩也。末章。

園有桃

此賢士處隱，憂在位者之無良而無可告語也。所謂「彼人」，即伐檀、碩鼠之所刺也。古者庶人謗，士傳言，故鄭人遊于鄉校以議執政。而道微俗敝，人多溺于習見，轉以持禄榮身者爲是，而以囂囂自得、泥塗軒冕者爲驕。正言不諱，憤時嫉俗者，爲責人無已，所以失其是非之心者，以不知其可憂，所以不知其可憂者，以未思政敗民流則亂亡隨其後耳。

陟岵

三代前，無子別父母之詩。蓋孝子仁人，不忍一夕離親而宿于外。至以征役遠行，則暌隔之傷、意外之慮，有不忍出諸口者。故必待辭家就途之後，始自言其瞻望之情也。不言己慮父母之疾痛衰羸，但言父母閔己之勞瘁，懼己之棄捐，隱深悱惻之至也。曰「止」、曰「棄」者，體父母之心，不忍正言子之死，但恐其久止于外，或見獲而棄在他國耳。于兄始正言之。

伐檀

此亦刺貪之詩，與碩鼠相表裏。首二句言用力之艱而置之無用之地也。「河水清且漣猗」，喻魏地之貧薄也。乃呼而問之曰：爾不稼不穡，何以取我之禾三百廛乎？爾不狩不獵，何以瞻爾之庭有縣貆乎？治人者食于人，以貧薄之地竭力以奉爾，望相恤也。而爾不我恤，獨不聞君子之不素餐乎？言彼者，諷此人之不然也。三百廛、三百億、三百囷，乃下所以奉上，若自食其力，不宜言數如此其多。且于禾曰「取」，則爲取于下明矣。古者民風淳厚，田獵獲禽，必獻于上。豳詩所謂「言私其豵，獻豜于公」是也。

碩鼠

直，正也。小人農力以奉上，而安享其餘，乃民之正道。然必君明而吏良，然後得安其正道也。二章。

「莫我肯勞」，言不肯勤民事也。三章。

唐風

綢繆

此亦時有其事而聞者代爲之辭，非其夫婦果有是語。

葛生

首二句言物各有託，如室家乃人所栖止也。而予所美者，乃不能栖息于此，不知與何人曠然獨處于外乎？獨處，言離室家，東山之詩所謂「敦彼獨宿」是也。征役必有儕伍，故曰「誰與獨處」。若自言誰與而獨處于此，恐非女子所宜。

采苓

爲讒者必曰：吾以益汝也。聽讒者必自謂有得也。然無實之言，信之動則有損，果何所得哉？

秦風

車鄰　駟驖

周官：司士掌擯士者。大僕出入王之大命，掌諸侯之復逆。小臣掌王之小命、三公孤卿之復逆。御僕掌群吏之逆、庶民之復。書曰：「其侍御僕從，罔非正人。」秦則首變周禮，而司士、大僕、群僕之職以寺人領之。文王之興也，不獨髦士奉璋，即兔罝之武夫，皆可爲腹心好仇。秦則以媚子從狩，輶車載獫，其不貴禮義而尚武健，不任士人而親群小，自立國之始而已然矣。及其亡也，釁卒起于游獵，而禍成于奄尹佞幸。孔子編秦風，不首小戎、蒹葭而首車鄰、駟驖，所以志其本俗，爲後鑒也。

蒹葭

或曰：此當從舊説，爲秦民思周而作，亦「山榛」、「隰苓」之意也。西周忠厚敦大之俗，一旦變以秦法，而有剛勁嚴急之象，猶露變爲霜而蒹葭之色應之蒼然也。「所謂伊人，在水一方」，是時周在伊洛也。「遡洄從之，道阻且長」，豐鎬之盛不可仰追也。「遡遊從之，宛在水中央」，不忘先王之遺德而思及後王也。「白露未晞」、「白露未已」，政俗雖變，而先王之遺風猶未泯也。

無衣

「豈曰無衣」，言衣裝皆夙具也。戎事均服，故曰同袍，非彼此共服之謂。秦逐西戎，乃天子之命，故曰「王于興師」。雍州之民天性義勇，文、武、成、康之德在人。平王不能自用而坐委于秦，以撥其本根，惜夫！○曲沃莊伯代鄂侯之喪，平王使虢公將兵伐莊伯；曲沃武公弑哀侯及小子侯，桓王使虢仲伐武公。吕氏引史記以責平、桓，獨闕二事，豈欲自伸其説而削之耶？東遷以後，王室衰弱，欲正莊伯、武公之罪而不能。桓王伐鄭，師敗身傷，則未可以無志責桓王也。季孫斯、仲孫何忌帥師，則郈、費可墮；公圍成，而公歛處父逆命，雖孔子無如何。但使周、孔處此，則必明正其罪，務德修政，終致天討而莫之能遏耳。

陳風

東門之池

「晤」，當從箋訓「對」。

墓門

惟此詩爲陳佗而作，情事甚合。棘，惡木也。陳桓公方疾而佗殺其世子，則同惡者必實繁有徒，譬如荆棘叢生，宜早尋斧柯。託興于墓門，俾其君惕然爲身後之慮也[一]。佗之無良，國人莫不知，而君終不寤，養成其惡者，自昔而然，是誰之過哉？次章「墓門有梅」，見爾時非無良臣可倚也。而有鴞萃止，亂賊羽翼既成，故不得已，作歌以告。倘更置而不顧，必至于顛倒，乃思予言耳。此詩宜作于陳桓公未疾以前，豈即以此詩獻，如周公之以鴟鴞遺王與？

防有鵲巢

據首章，似言鵲不宜巢于防之卑，苕不宜生于邛之高。以喻譸張爲幻，甚切。特次章之義難通。首章。

或曰：廟門無事不辟，有事則修除庭除既墁之後，不宜復有甓。以文義推之，則鷊亦不宜于邛與苕同。二章。

[一]「惕」，原本作「愓」，據光緒本改。

澤陂

于所私之女而見爲儼，猶俟人于城隅之女而見爲静。人心蔽惑，遂至于此。于所慕而稱美人，男女所同。此淫女思所悦而不得見也。「碩大且卷」、「碩大且儼」，乃女悦男之辭。首章。

檜風

羔裘

嚴華谷曰：大夫諫而不聽，故去之。雖去國而不忘君，故言我豈不爾思乎？實思之而勞心忉忉也。此説可從。

隰有萇楚

上有逍遥翱翔之君，則民窮于無告，財匱而莫支，所以自嘆其不如草木之無知也。

匪風

檜亡于東周之初，此詩宜作于厲王之世，與變雅相參，其義始見。蓋厲王之世，貢重役繁，威命時出，小國尤不勝其困，亂形已在人心目間。故中心憯怛，如風驚車僨也。大東顧周道而出涕，桑柔哀靡國之不泯，菀柳嘆上帝之甚蹈。九服離心，故願周大夫奉使而西歸者，告王以撫馭庶邦，當懷之以好音，不宜困之以虐政耳。

曹風

蜉蝣

國風首篇，多言君夫人之事。檜之羔裘，良臣既去而憂其君也；曹之蜉蝣，則將去而自明其志也，以「于我歸處」知之。蓋諫而不從，明知危亡將及，徒憂無益于爲臣之義，惟去位而居處爲安耳。歸稅，謂脱駕于田野也。

候人

首章似宜作賦，蓋謂才德無以異人，只可給役事之小者，如候人之何戈與祋是也〔二〕。而彼其之子，乃纍纍而服卿大夫之服乎？敷陳其事而直言之，無比、興之義。

鵜不在水而在梁，處非其地，不濡其翼與味，失常道也。喻小人處非所據而失其常道也。次

〔二〕「何」，原本作「荷」，據詩經候人及詩集傳改。

章、三章。

豳風

七月

先兄百川曰：人君當愛民如子，而地勢隔遠，或漫不相關，故特陳豳之舊俗，民愛其君，不啻父母，則先王、先公所以教養撫循者不待言矣。人君玉食萬方，視爲當然，或忘其所自，故具言一絲一粟無非耕夫織婦終年竭蹶而成，人君一日萬幾，或見爲煩苦而思自暇逸，故覼縷民間耕稼蠶桑、師田力役、樵蘇茨蓋、闔扇墐塗，無一日得自休息，故陳豳風以感王恤民勤政之心，作無逸以示王保身省愆之要。自古陶成君德，無若周公之慮詳而心苦者。雖卷阿、公劉、召誥所云，未能若斯之懇至也。至用以逆暑迎寒，使小民朝夕歌吟，觀天星物候之變，則及時興事而不敢自安；念豐衣足食安居之由，則戮力操作而不以爲苦。且爲裳爲裘，私豵獻豜，則教以事上之禮焉；春酒介壽，則教以養親之誠焉；躋堂之祝，則教以忠君之義焉；朋酒之饗，則教以睦族、合婣、善鄰之道焉。至于蠶桑續鎑，畜聚果蔬，則因以彰婦順、教女貞焉。所以勞來、匡直、輔翼而使自得之者，皆具于是矣。又其事淺近，其辭顯易，雖沖幼之主皆能諷耳而動于心，閭閻婦孺皆可傳説而知其意。其義本于九歌之勸，而感人之心較之洪範之敷言，更切以著矣。

「殆及公子同歸」，女公子也。春秋傳：圉人犖自牆外與女公子戲。文王時，夫人躬采蘩葛，則豳公之女未有不躬桑者。故衆女見之而悲，以爲公子于歸之期，己亦將出室而遠違父母也。或貴家大族之女當媵于公子而偕行者，或庶人之女年齒與公子相近者，皆因見公子之躬桑而有動于中。若謂當嫁于男公子，不惟非女子所宜自忖，于「殆及同歸」文義亦不協。次章。

柔桑，謂葉之初生者蠶始化。惟食柔桑，所用不多，故女自持筐而手掇之。及其盛長，則所食不獨柔桑，必科别其條，盡取以備用，其遠揚而難于攀取者，又必伐以斧斯，仍益以不可條取之女桑。其事各異，故分别言之。

首章舉衣褐而後獨詳于蠶事者，麻葛天成，功惟績縷而已；若蠶之息耗，則惟視女功之勤惰。且布褐，黎民所服，而帛以養老奉公，故詳其事以爲勸也。二章、三章。

後世織文、皮貢亦出自民間，而纔絲于貉之時，即念及公子之裘裳，則其風邈不可得矣。○在禮，惟田與追胥竭作，故曰「二之日其同，載纘武功」。四章。

或曰：斯螽、莎雞别爲二物，「七月在野」以下，乃言蟋蟀。按蟋蟀望秋吟，似七月始氣化而生者，亦可通。古者民受五畝之宅，二畝半在田，二畝半在邑。塞向墐户，蓋將徙居邑中，而次年春夏始處此田中之室也。惟改歲乃處此，故曰「入」。若見處室中，即文義爲不順矣。王方若曰：淮、泗間農民有宅在城者，近冬塗塞中田之廬門巷而去，春夏始入居之。塞向墐户，改歲入處，則中田之廬也。「于茅」、「索綯」、「亟其乘屋」，則邑居之室也。五章。

酒之作，祭祀之外，莫先于養老。故首言介壽，其次則賓燕。故繼言朋酒之饗，至于躋堂稱觥，則非禮之常經，惟豳之故俗有此，故末始及之。又此篇言衣、言食，皆終于奉公，所以志其忠敬之誠也。不及祭祀者，庶人所薦，即飲食之常也。○蘇氏藏冰以節陽氣，乃無稽之談。冰之出入，乃物理人事之自然也。十二月鑿冰，至是始壯也。正月納之，間有冬煖，凍閉不密而春始嚴凝者，故以畢入之期言之也。春秋傳：「日在北陸而藏冰。」謂十一月，蓋天地嚴凝之氣盛于此三月中，候之不齊，早則十一月已凝，遲或正月始畢，而常候則在十二月也。二月啓冰，蓋前此隆寒，賓食喪祭俱無所用之也。火出而畢賦，蓋春夏之交，癘疫將作，至是而國之老疾無不受冰，非爲節陽氣也。周官凌人職，夏頒冰〔一〕，通夏三月言之。蘇氏四月大發冰之説，亦未知何據。即以其説推之，四月陽盛，以冰節之，猶可通；十二月微陽，藴伏于下，惟恐其不盛長，何故反納冰地中以解之

〔一〕「頒」，原本作「頒」，據周禮天官凌人改。

哉？○「陽氣之在天地，猶火著于物，故常有以解之」，數語尤謬。陽者，天地之盛德氣也，所以爲發育萬物之根本，萬物非得此不生，朝絶則夕槁矣，稍衰則漸萎矣。近取諸身，火之薄于邪氣，無根而妄發者，乃害于人。若本然之火，則陽氣也，人之所恃以生也，培之猶恐其衰，乃畏其盛而思所以解之乎？蘇氏論事，多滯于一隅，而于陰陽之本尤無窺焉。雖朱子所取，猶紕謬若此，他可知矣。末章。

二章至四章言衣裘以禦寒，五章室屋户向，因戒寒而及之也。六章、七章言農收疏材之積，八章因言羔羊、朋酒，公私渥洽，皆飲食之事也。四章因取狐狸而及豜豵，七章因播穀而及乘屋，語雖側出，意則牽連，立言之序如此。

首章言小民自營衣食之難，然所衣不過布褐而已，其載績也，則曰「爲公子裳」，其于貉也，則曰「爲公子裘」。所食菽粟以外，不過瓜苴荼萴之屬而已。而其獲禽，則曰「獻豜于公」。其稱觥也，則願君之壽考。所居不過墐塗蓬茅而已，而築場納稼之隙，宵旦靡寧。其乘屋也，必先之以上執宫功。民之戴君，皆知爲義所當然，且動于情之不能已。俾矇瞍日誦于前，即中主聞之，亦將惻然有隱矣。又掌以籥章，用以逆暑迎寒，通八蜡，息老物，使蒙士誦之而徧播于鄉閭。其采蘩也，則曰「女心傷悲」，蓋愴然于父母之將離也。其爲酒也，則曰「以介眉壽」，蓋惕然于忠養之宜急也。其滌場也，則曰「朋酒斯享」，蓋衣食粗具而憬然于親睦齒讓之宜敦。使田間士女耳熟而心惟，則所以厚人倫而美風俗者，莫此爲切矣。

鴟鴞

群儒謂此詩作于管、蔡既誅之後，皆以「既取我子」爲據，非也。以尚書金縢考之，則此詩作于未迎周公之先，而蔡仲之命曰「乃致辟管叔于商」，是東征克殷，乃戮之于其地也。成王執書以泣，即日出郊以迎公，則公避居東郊百里内之近邑明矣。惟作于未迎之先，故曰「既取我子」，謂誘致管、蔡以謀亂也。其曰「鬻子之閔斯」，蓋痛管、蔡自絶于天，終爲王法所不容，以大傷文考、文母之心焉耳。若既誅之後，則當曰既戕既賊，而不宜曰既取矣。又謂成王幼，未能行事，故周公攝政。若避而居東，成王已能臨政二年，何待周公歸攝？更非也。周公雖避，二公畢、毛咸在，王政何患不行？所以伐殷之命遲之，又久而後發者，以王疑未解，友邦君、越尹氏、御事、庶士又以艱大、民不靖爲疑，故二公亦未敢專。至周公既歸，然後大誥天下，帥師東征，至商都而誅管、蔡，又伐奄以靖東夏，三年，諸事畢定而後歸耳。若此詩作于管、蔡既誅之後，則亂已略定，何風雨漂揺之懼？王已感悟，又何以云未敢誚公哉？

二章與末章意正相應，二章自原所以獨操國事，略不自嫌，欲及陰雨之未至而綢繆牖户耳。

不謂牖户未完而風雨已至，大懼家室之漂摇而王心不悟，屏身在外，無所施其力，則維音嘵嘵，自鳴其哀厲而已。流言之人謂公將不利于孺子，欲貳公于王也。而公之詩曰「我室」，曰「侮予」，曰「予未有室家」，曰「予室翹翹」，宗臣體國，不敢自貳，而亦因以悟王也。

東山

此詩但言室家男女之情，而無一語及其父母，采薇亦然。蓋征戍者，聖人之所不能廢，言及父母，則行者難以自處其心，而上之人亦有不忍出于口者矣。惟杕杜之勞還役，探其室人之情，而曰「憂我父母」，則作忠教孝，其義更深。然戍守期月而代，猶可言也；征行三年，則子歸而不見其父母，與父母不見其子者必多矣。故養死事者之老與其孤，及春秋饗食，載在周官，而弔死問傷，周官：王弔士庶子，大司馬相。則士衆皆命其長弔勞可知。則不忍以入于詩辭也。四牡之篇，于將父將母三致意焉。蓋四十而仕，五十爲大夫，則父母必耆老，雖役不逾時，而所切心者莫過于此。故既歸而反覆以達其意焉。

曰「東山」而不名其地，何也？春秋傳：武王克商，蒲姑、商奄，吾東土也。蒲姑，齊地；奄在曲阜，魯地。師行不入國邑，必駐于龜、蒙、鳧、繹、岱畎之間，遷徙無常，又三年之久。或巡宣他國，不可以指名何地，故統之曰「東山」耳。

征人淹久于外，反忽忽不覺，一旦曰歸，則喜極而悲生。首章。

不言不見婦子之久，而言不見苦瓜栗薪，征人遠歸，觸物生感，往往如此。三章。

破斧

湯之伐夏，亳人曰「舍我穡事」，蓋其事創見，尚未能深晰乎湯之義，不知其畏上帝而不敢不正也。周公東征，軍士皆曰「四國是皇」。蓋其德素孚，衆已久喻乎公之心，知其哀斯人而不得不正也。破斧缺斨而曰「哀我人斯」，以是知説以犯難，民忘其死，而人之欲義有甚于生也。

伐柯

玩其辭義，似王既迎公，周人喜之而作也。首章蓋追叙公方出避，國人憂疑之情。「匪斧不克」，喻大難方夷而猝起，非公之才德不能保世靖民也。「匪媒不得」，喻君臣有間，冀有從中解釋而作之合者也。次章則喜得所望之辭，「其則不遠」，謂公之所以事嗣君，觀所以事前王者而可見也。「籩豆有踐」，喻君臣一德一心，萬事皆得其序也。或曰：亦寓不喪匕鬯之義。朱子以篇次破斧之後，故定爲東人之詩，而情事不類。或周人作于始迎公歸之時，而編録失次，或作于公既出師之後，而追叙其情，皆未可知也。

九罭

「無所」如「風止雨霽，雲無處所」之「所」，言倏忽不可得而見也。二章。

孟子稱周公伐奄三年，討其君，非六師之盛，不能壓其城而急攻之，亦非奄有險阻可憑負固而不能克也。文王三分有二，德教獨未漸于東夏，故殷之渫，惡民染于商辛之暴德者，不能自安，其善良又緬思殷先王之遺澤而不忍背，故武庚、三監因之以倡亂。周公東征，雖震之以武威，實欲喻之以德義。故駐師徐、兖之間，庶邦之保疆以俟王命者則教告之。其阻兵安忍者，乃戰要囚之，多士所稱是也。至于三年之久，東土士庶咸喻乎周公之志，而惟恐公之西歸，則奄亦不能自固矣。然後正其君之罪而簡别殷民之淑慝，其尤難馴者，則使其長帥之以遷于洛。聖人之師，所至如時雨而無後殃，惟其始之終之，一歸于仁義而已。其後奄人復畔，成王滅之，不勞而定。以東人皆心饜周公之德，而蔑與同惡耳。故因定魯封，使殷民六族輯其分族，將其醜類，以法則周公，皆原于此。

狼跋

劉氏曰：公孫，豳公之孫周公也。朱子注大雅既醉篇：周稱王而尸，但曰「公尸」，蓋因其舊。如秦已稱帝而其男女猶稱公子、公主。公于文王時稱公子、公孫者，舊矣。故國人因之。碩膚，言其德器之深宏也。周雖王，周之父老尚謂此我豳公之孫，疑此亦公既歸而周人美之，非東人所作。首章。

四國流言，王亦疑公，衆皆不知罪人之所在，使公所以處此者，不止于至善，必不免令聞之有傷矣。至風雷感而王悟，商、奄定，王室安，公歸于豐、鎬，然後周人歎公之德音爲不瑕也。次章。

鴟鴞、東山，周公所作，不可係之魯，其體風也，不可以入雅，故附之豳風，以公固豳公之孫也。破斧、伐柯、狼跋，皆周人之詩也。伐柯喜王悟、公歸，而宗社復安，故曰「我遘之子，籩豆有踐」；狼跋喜公西歸而君臣譽處，故曰「公孫碩膚，德音不瑕」。惟九罭乃東人所作，不宜入豳，豈魯無風，僅此一詩，秦火之後，編者以其不可入頌，又所言乃周公東征之事，而因以其類附與？

朱子詩義補正卷之四

小雅

鹿鳴之什

鹿鳴

首章曰「示我周行」，次章曰「君子是則是傚」，而末章曰「以燕樂嘉賓之心」。蓋人君之於賢者，求其善言，則如不得聞；師其德行，則如將不及。然後奉之以幣帛，將之以酒醴，始足以燕樂賢者之心。若駕馭以權術，縻繫以爵禄，言不敢盡其誠，道有所屈於己，庸鄙之夫或奔走焉，豈足以致賢者之心而盡其力哉？〇尊之爲嘉賓，宴之以樂歌，將之以幣帛，飲之以酒醴，所以盡群下之情者至矣。而所以望之者，則曰「示我周行」，曰「德音孔昭」，曰「視民不恌」，則凡出言之無章，令聞之不宣，威儀之不類者，周旋於琴瑟、笙簧、筐篚、樽俎之間，必有愧怍而不安者矣。故必平時不愆於德義，然後臨事能盡志於禮樂。此先王之以善養人而德威惟畏者也。蓼蕭曰「其德不爽」、曰「宜兄宜弟」，湛露曰「莫不令德」、「莫不令儀」，義皆如此。

德音者，德輝之著爲聞望者也。惟平時德音孔昭，然後敷陳正道，能使人君敬信，正其威儀，可使人君則傚，民亦望其容貌而不生慢易焉。非實德素孚，而勉强矜飾於耳目衆著之地，則論雖篤而不足以格君，色雖莊而不足以視民矣。○次章終之曰「以敖」，蓋惟有德之君子，雖燕私敖遊，而容貌辭氣皆可下儀其民，上格其君。此卷阿之詩所以告王以「顒顒卬卬」、「令聞令望」也。

四牡

盬，以文義測之，當作堅固。言王事尚未堅固，故不遑自恤其私也。

末章重言「將母」，蓋父教子以義方，子雖欲諗，父必止之。惟母則篤於私恩，故或慮其抱情莫達。又或無父而獨有母，情尤可矜，故宣之使自言耳。使臣既還，而燕勞之詩具此，何也？按聘禮，兩國君喪，皆入境則遂，未入境則返。是父母有疾，在塗亦可以告於君而更使命也。必前此未定此制，會有不敢告而遭喪者，故特見於樂歌，使後以爲式。其不於遣使之詩，何也？方出而言此，則恐傷孝子之心。○聘禮：使臣始出，釋幣；歸，釋奠。並於禰廟。蓋列國交聘必以卿，五十服官政，則父母必篤老矣。必無父母而後承使，故皆於禰廟也。王朝下聘，不過大夫，群士則具父母者多矣，故勞還之詩諄諄及此。春秋，王使至魯多公卿，衰世之過禮耳。

皇皇者華

周官：小行人使適四方，凡萬民之利害爲一書，其禮俗、政事、教治、刑禁之逆順爲一書，其悖逆、暴亂、作慝猶犯令者爲一書，其札喪、凶荒、厄貧爲一書，其康樂、和親、安平爲一書。豈惟十有一年，王將巡守，小行人先適四方爲然，即卿大夫時聘間問道路所經，皆宜咨訪，歸告於王，以紀其政教。故此詩後四章，諏謀度詢，並以周敕之。而首章「每懷靡及」，正惟恐其不周，而駪駪征夫，凡在行者皆宜同心協力，以張其職也。豈惟王使，即方嶽同盟，庶邦交聘，所經之國札荒、貧厄，亦宜共分其災，犯令陵政，亦宜預爲之備。故侯國之勞，使臣亦用此爲樂歌。春秋傳「必咨於周」，注謂咨於忠信之人，義尚未當。○首章亦可作賦，蓋高原下隰，使者之所經也；草木榮華，使者之所見也。故於策遣之辭及之。

黄琰曰：諏謀度詢，再四言之，正見每懷靡及。

常棣

燕飲之樂歌五，其四篇皆悠裕和平，惟此詩哀厲，使人心惻。以周公遭兄弟之變，故不覺其情之蹙、言之悲也。死喪則相求，患難則相急，外侮則相禦，凡有兄弟者皆然。而公所遭則反是，故自痛之深，而切指死亡危難之情事，使安寧無事者是究是圖，而信其誠然也。人情於朋友則各從所好，於妻子則各暱其私，故視兄弟轉汎汎然，獨不思召延朋好，孰若兄弟怡然，一如童稚，其情更親乎？私室相歡，孰若兄弟無間，薰然成和，其樂可久乎？此又隨時隨事感發其本心而使之究圖也。○或謂：管、蔡之誅，周公宜使二公主之。不知既以大義滅親，又假手於他人以避其名，非天理也。觀六章、七章，則知公雖身致太平，以吕、召、畢、散爲之友，以禽父之象賢爲之子，而於管、蔡之事則終身蹙然，抱無涯之痛矣。禮，兄弟之仇不反兵，交遊之仇不同國。同室之親捍禦外侮，雖敵者以爲宜，朋友則情勢有隔矣。聖人之言，皆盡乎天理之極，非以朋友爲不足重也。三章。

伐木

鹿鳴之外，復有此詩，蓋彼以燕群侯及公卿大夫，此則以燕王族之無服者、外姻之無職以及少與同學之士，周官所謂故舊是也。常棣之詩則專以燕王服内之懿親。

鹿鳴、四牡、皇華，君臣父子之恩義備矣。常棣，兄弟、夫婦之恩義備矣。伐木，朋友之恩義備矣。人倫之明，本於君身，而宣於在朝之士夫[一]。然後庶民則而象之，故以爲燕饗之樂歌。鹿鳴，人君禮下之誠；皇華，人臣匪躬之節。○取友必求勝己者，自鄉國而天下，每進益上，「出谷」、「遷喬」之義也。○朋友之交，易至凶終隙末，故當飲食、燕樂之時而要以神聽，願其終無乖戾也。首章。

此燕朋友之詩，而舉諸父、諸舅、兄弟，何也？凡三黨屬疏，而以志趨之同、衍業之近相往來者，皆有朋友之道也。

吝於乾餱，以致得過於朋友，亦人之失德也。乃自檢之密，非輕以量人。末章。

[一] 「士夫」，光緒本作「士大夫」。

天保

「多益」，如讜言之時入、庶政之日釐皆是也。惟天降之福，然後有此。首章。

「俾爾多益」，以群下所效納言；「罄無不宜」，以君上所措施言。凡此，乃福之所以日新而悠久也。二章。

五禮惟祭祀爲吉，蓋國家無事，君無喪疾，春秋時享，君臣盡志，以從事於宗廟，人事之吉莫大於此。故此詩與大雅既醉之篇，皆以爲祝嘏之辭。而此詩推本於群黎百姓之徧德，蓋未有不能成民而神降之福者。既醉則祝願子孫妃匹之皆賢，蓋子孫不賢則景命無所附，妃匹不賢則子孫無所式矣。此群臣之辭也，故以群黎百姓爲本；既醉，父兄之辭也，故以子孫妃匹爲重。義各有當也。四章、五章。

尸在廟中，則全於君。以象先君，故謂之君。君曰謂尸，傳神意也。四章。

此詩前後言天之降福，皆祝願之虚詞。惟五章言降福之實，蓋天下之民各遂其生而從上之教，人君之福莫大於此。洪範「惟時厥庶民于汝極，錫汝保極」，即此義也。不曰民興於德，而曰「徧爲爾德」者，非實德具於君身，安能徧喻於群黎百姓哉？五章。

日月，所以照臨也；山嶽，人所瞻仰也；松柏，人所蔭賴也。「無不爾或承」，總承上五句。

天下莫不承奉，則天之保定人君者至矣。與抑詩「萬民靡不承」義同。○三章祝國勢之盛昌，此章祝王躬之壽考，故並言山而其指各異。○黄琰曰：三章言受福之盛大，卒章言受福之永久。末章。

采薇

采薇、出車、杕杜，序以爲皆文王之詩，朱子不從而定王爲周王，蓋疑出車之首章曰「自天子所，謂我來矣」，似不可以爲自紂之所而來也。不知紂方以威武臨諸侯，玁狁、西戎不靖，必以征討命方伯，紂即無命，文王亦宜請命，故言自天子所命我出師而來郊牧，又曰「天子命我，城彼朔方」，即五章所謂「畏此簡書」是也。春秋傳：管仲言於齊侯曰：「請救邢以從簡書。」可徵當時皆以天子之命爲簡書。孔子稱文王三分天下有其二，以服事殷。此三詩及春秋傳，文王帥殷之畔國以事紂，乃其明徵也。如以王爲周王，則武王伐商，戎、羌已役屬於周。克商之後，九夷、八蠻罔不率服，玁狁豈能復爲寇暴，使征戍之民靡室靡家，而誓衆之詞歎多難之棘乎？○詩所叙次，似春戍而冬還。程子謂必再朞，以非再朞則冬春之交，戍所虚無人矣。

戍者常期，過十一月而歸，故至陽月則家人計日而望之。杕杜亦曰「日月陽止，女心傷止，征夫遑止」是也。「憂心孔疚，我行不來」，探其室家之情而代之言也。使戍役自言，則爲怠於公義；上探其情而代之言，則仁至義盡而愈以作其忠勇之氣矣。三章。

次章探行者之情，念其室家。三章因探其室家之情，憂行者之不至。四章則隱然激以大義曰：彼路斯何？乃君子之車也。君子尚勤於王事而不得顧其室家，况吾儕乎？「我行不來」，與「豈敢定居」遥相應答。○玁狁遷徙，出没無常，故曰「豈敢定居」。四章。

出車

凡師有功，必有錫命、策勳之典，召虎之錫祉、吉甫之受祉是也。采薇「一月三捷」，出車「再舉有功」，乃無一語及此，何也？蓋西伯奉簡書以敵愾，商王受既無錫命，豈敢自策諸臣之勳？故於戍役則代鳴其哀，於還師第虚嘉其功，實無錫命、策勳之事可陳述耳。常武無及焉，何也？王親在行，歸告郊廟、社稷、山川，自有舊典以播於樂歌，則似自耀其功，非言之體也。采芑則蠻荆不戰而來威，其征伐玁狁之功，前此矣。事後追叙，亦非體也。

禮，凡爲君使者，已受命，君言不宿於家，軍事尤重且急。故既得君命，遂至於牧，然後命後車裝載以隨行也。若所乘車之僕，則方出于牧之時已當命之，無俟更召矣。首章。

言主帥所心憂，在僕夫之勞病也。戍役之所憂曰「載飢載渴」，曰「靡使歸聘」，而將帥之所憂則「僕夫況瘁」而已。蓋愛其身家者，小人之情也。忘身忘家而獨憂心於僕夫之況瘁，所以撫循曲至，甘苦必同，而能得下之死力與？次章。

南仲爲皇父之太祖，必周初人也。武王克商，周公東征而外，不聞有事於北方。據史記，厲王流彘，然後玁狁内侵，則非武王以後之詩明矣。前此則大王、王季崎嶇邠、岐間，豈能盛威於玁狁？即於西戎小有侵伐，亦不宜出於王命，則爲文王專征時事無疑也。其稱天子及王命，皆謂商王。方伯遣將出師，自當稱王命以誓戒，與秦風「王于興師」、衛風「爲王前驅」同義。○李鍾僑曰：禦寇莫要于築城，留攻則不可即拔，越而過之，則懼攝其後。前篇玁狁孔熾，非要擊三捷，不足以遏之。此篇第城朔方，遽云「玁狁于襄」，蓋使知有備則不敢更窺，所以掃除其氛祲也。豈二詩乃同時所作，玁狁既退，旋興是役與？唐張仁愿築三受降城而朔方平，宋岳忠武治襄陽城以圖中原，孟珙修之，宋祚爲延者復數十年。三章。

薄，迫也。漢書薄俱訓迫。戎狄内侵，禦之不可以少緩。六月之詩曰「我是用急」，而曰「薄伐」，則不得以聊伐爲義明矣。蓋自鎬、涇迫逐，至于太原，道經千里，用力不可謂不深矣。周初戎狄本居涇、洛之北，太原故狄土也。春秋傳曰：「狄之廣莫，於晉爲都。」五章。

杕杜

李光地曰：觀東山、采薇、出車，皆眷眷於征人道路之艱辛、室家之離别；杕杜則並探其父母之憂思，皆聖人所以體天地之心也。至宣王諸詩，徒侈其盛威於中國，而此意微矣。國風所載婦人思其君子，不過室家之情、男女之思而已。此詩則曰「憂我父母」而不及其私，則所見者愈大，而所憂者愈切矣。以舅姑之憂爲憂，則所以體君子之心而代其子職者可知。以勞還役而及此，教孝作忠，徬徨周浹，非聖人不能爲此言。三章。

白華之什

南陔　白華　華黍　由庚　崇丘　由儀

虞書「詩言志，歌永言，聲依永，律和聲」，無辭則聲無所附，不能成樂調。孔子既祥，十日而成笙歌。笙而曰歌，則有辭明矣。春秋傳：宋公享叔孫婼，賦新宫。新宫，下管也。苟無辭，則何以云「賦」？疑未可以朱子之説易張子也。

蓼蕭

藩侯於天子，心志稍有不通，則君臣相猜，其聞不令。會朝之際，下以貌承，上以術馭，其心之鮠㡾而不安者多矣。今相見而寫心、笑語之不忌，是以有譽而能安也。首章。

「宜兄宜弟」，就同燕之國而言也，於兄弟婚姻之國，能講信修睦，事大字小，而無不宜，則篤叙國中之族屬，不待言矣。能如是，則兵革不試，蒸民樂業，在己爲令德，而天必報之以壽愷矣。三章。

湛露

李鍾僑曰：蓼蕭，始相見而燕也，故其意莊；湛露，再三燕而致渥洽也，故其情暱。

朱子詩義補正卷之五

小雅

彤弓之什

彤弓

「右」與「侑」同義，「醻」與「酬」同義，古書音同者字多通用。有功而錫以弓矢，與燕食之有侑幣、酬幣義同。二章。

六月

吉甫成功，王燕勞之，而周邦咸喜。「既多受祉」，即召虎所謂「永錫爾祉」也。江漢美南征之功，公事也，故備詳典禮。此詩因吉甫飲御諸友而作，私事也，故前本其出師之律，後著其思賢之切。而飲至策勳則略焉，言之體也。出師不過千里，役不逾時，而曰「我行永久」，蓋良臣居輔弼之地，無日不思與賢士大夫相見，集思廣益以張治教，故公家宴賜方畢，即汲汲於朋友之聚會也。

黄琰曰：文、武二字，一時一事，離不得。三代合之，是以無往不宜；後世分之，是以無往不敝。五章。

采芑

六月專美吉甫之功，而此詩則歸功於方叔，何也？周官之法，大司馬不爲六軍之將，而巡陳眡事，以行賞罰。蓋征伐玁狁，方叔主兵，而吉甫監臨諸將。六月爲吉甫而作，故獨舉督師之重臣；而采芑則不没其實。二詩蓋同時而作，其辭事互相備也。

李鍾僑曰：二詩所陳軍容之整，將帥之能，王靈之赫，狄蠻之服，至於臨陣合戰，克敵制勝之謀，無一及焉，大雅江漢、常武二篇亦然。乃立言之體，要以見天子之師有征而無戰也。

首章言軍容之盛壯，次章言主將之威儀，三章言行師之節制，末章美其成功而原其老謀，著其夙望，言之序也。

賦也，軍行采芑而食，乃直賦其事。○將發而簡車徒，主將與大司徒共莅之。車必盡陳，干必盡試，然後可簡其精鋭以共車。三千者，所陳之車數也。其率之以行者，不過六軍之數而已，故再言率止以明之。○李光地曰：「王于出征」，以王命而出征也。首章。

在師而服命服，鳴佩玉，即此見元老壯猷、從容整暇之意。次章。

車攻

宣王中興，詩人不舉其内政之修以示後，而六月、采芑、車攻、吉日皆言征伐、田獵之事，大雅江漢、常武城齊、營申，亦皆外事，何也？未有内政不修而外威能振者。古之將帥，卿士也；卒伍，農夫也。觀車馬之殷盛，則井甸之蓄實可知矣；觀軍帥之謀武，則宅俊之得人可知矣；觀衆志之向方，則政教之素洽可知矣；觀庶邦之時會，則德威之遠孚可知矣。蓋繼體守文之君，所患者因循弛縱，不能建威銷萌，使萬事墮壞於冥冥之中。故周公訓成王，則曰「其克詰爾戎兵，以陟禹之迹」；召公戒康王，則曰「張皇六師，無壞我高祖寡命」。詩人之意，亦猶是耳。會諸侯於東都，中興之大政也。而此詩惟詳於田事而略於會同，何也？時會以發四方之禁，殷同以施天下之政，舉會同則知爲發禁施政，而其事不可毛舉也。宣王時，南蠻、北狄、淮徐、姜戎皆不靖，其會諸侯，多因定征討之謀而不可預言，故但言其車徒之盛、射御之善、行陣之肅，蓋將嚴以明。士順以武，即方行天下，罔有不服之根本也。

首章車攻、馬同，蓋未事之先，數軍實而知之。周官：小司徒頒比法于六鄉之大夫，使各登其鄉之衆寡、六畜、車輦，辨其物。凡四時之田，鄉師前期出田法于州里。次章則戎行既駕〔二〕，而見其好且阜也。○曰甫草者，其地既萊也。周官大司馬職，虞人萊所田之野。次章。

游環脅驅，所以禁驂馬外出內入。蓋驂馬偏倚，則服馬爲所牽制，而車行不調。故兩驂不倚，乃爲御之善也。六章。

李鍾僑曰：治軍而至於有聞無聲，則桓、文之節制不足以當之。宣王時，爲六軍之帥者，必山甫、吉甫、方叔、召虎、程伯休父之倫也。仁、知、威、信，素孚於列校，慈、和、禮、讓，周浹於衆心，故能致此。其曰「之子」，謂軍帥也。曰「君子」者，乃宣王也。整軍經武，率成周之舊典，求賢宅俊，類文、武之灼知，豈非繼世之君德業之大成者乎？末章。

〔二〕「次章」以下，光緒本另起一段。

鴻鴈

「之子」，指有司奉命巡視者而言，蓋曰之子征行而劬勞於野者，乃布惠澤以及矜人，而哀此鰥寡也。「之子于垣」，率民以築而巡其功也。如春秋傳所載華元爲植，蓋築者雖民，而必有有司以主其事。

前二章亦可作比。蓋飛而肅肅，猶之子之于征也；集于中澤，猶之子之于垣也。

庭燎

晣晣，晨光漸通，而庭燎之明爲之小也。次章。

沔水

昏亂之世，在位者非泄泄而怠，則謔謔而驕，以致民困於下，訛言朋興，則亂本成矣。故首章言兄弟、邦人「莫肯念亂」，而末章言「我友敬矣，讒言其興」。蓋不敬即所以致亂，而能敬即所以念亂也。次章所謂「不蹟」，在上則莫肯念亂之人，在下則訛言之人也。

祈父之什

祈父

周官：大軍旅，大司徒以旗致萬民，而治其徒庶之政，令小司徒帥其衆庶鄉師，戮犯命者，州長、黨正身在行間，遂政略同公邑，都家之衆，特調徵以從鄉遂，備六軍之數耳。但用以征伐而不從戍守，故以「轉予于恤」爲怨，必征行者復用以戍守也。以采薇及春秋傳列國相戍揆之，所用必同州鄰近之國，方伯主之。

白駒

歆之以爵位，誘之以逸樂，非所以留賢也。賢者必居下位而道不得伸，乃思潔身遠去，故以大義責之曰：爾公爾侯居上位者，皆昏冥于逸豫而無改悟之期。爾復欲潔身以去，優游自適，則國將何託哉？慎勿果於思遁也。三章。

「其人如玉」，言其自愛重而不肯汙累于晻世也。末章。

或曰：賢者去國，就别其丘園之友，其友留之不克而賦此。

我行其野

言我以舊姻，故相依，而爾不我畜，是不思舊姻而惟求爾之新特矣。因嘆富者誠不足恃，必氣誼有異于衆，而後可依耳。末章。

斯干

新宫始成，頌禱之辭，首舉兄弟之式好而無尤，其後王室禍亂凡五作，皆由兄弟，以後嗣王不能以躬化，又不能以禮防也。詩人言近而指遠如此。首章。

李光地謂卑者之居，東房西室，房户在東，室户亦偏東，西南無户。尊者有東、西兩房，則西南有户，蓋據儀禮注疏「士大夫無西房」而言。但聘禮，還玉賓負右房而立；記曰：「卿館於大夫，大夫館於士。」則士大夫皆有西房，注疏未可據也。豈天子之居宜正南鄉，兹因山與干之面勢偏向西南，故因户以表方位與？二章。

周室盛時，王宫周垣，猶以土築，三代聖王之遺風尚未變也。三章。

無羊

前牛羊並舉，此獨言羊，以牛大牲，各有僕牽傍也。大牲中不言馬，以别有校人掌之。三章。

節南山

首章言師尹民所瞻仰，次章始言師尹之不平；首章憂國運之卒斬，次章始言天怒民怨。蓋民所瞻仰者不可以不平，而天怒民怨之不懲，則國運所以卒斬之故也。三章言莫大之任而當之者乃如此之人，豈昊天不弔，遂欲空我師耶？四章、五章言師尹所以致天怒、召民怨者，以不親其職而委政于姻亞之小人，倘其心一平，其事能止，尚可易危爲安，不可執迷而不悟也。六章言尹氏弗躬弗親，而王又不能届；尹氏不平其心，而王又不能夷。是天心終不弔，所以亂與日生，而民卒不寧耳。七章、八章言我心憂亂，常患無所逃於天地之間，而小人方茂其惡，以傷善類，固其黨以自夷懌，所以憂心如惔，正爲此耳。次章言師尹不平，九章則言昊天不平，蓋小人播惡，天實爲之也。六章言俾民不寧，九章則言我王不寧，蓋庶民駭政，則君子不安位也。然如師尹不懲其心，而反與正類爲仇，何哉？末章言致亂者師尹，而與師尹同心者王也。究禍敗所從生，師尹之訩皆王之訩，師尹既不能懲，則惟望王心之訛，或能去僉壬，改紀其政，以畜萬邦，則民心順而天怒亦庶幾可回焉耳。

「不敢戲談」，將發「國既卒斬」之戒，恐其聽之藐藐也。良臣不避身家之患，以逆主心，忤權倖，所憂者國之斬耳。小人則明知國之斬而惟知便其身家，厚其瑣瑣之姻亞，安能監，安能懲哉？然終望其監懲者，同官之義也。○或據「國既卒斬」，以此詩作於平王之世。然其情詞危迫，似預憂驪山之禍。所謂既者，指厲王前事之監耳。首章。

南山高大，草木之實尚足以利民，師尹乃不平其心，致薦瘥喪亂，以空我師，謂之何哉？次章。

李鍾僑曰：小人患得之始，未有不躬親庶事，以攬政柄者。君既信用，則廣布私黨、姻亞，以爲腹心、耳目、爪牙。一切弗躬弗親，然後可偷自逸樂，極情縱欲，千古小人之情態皆於此詩具之。○古之官人者，敷奏以言，明試以功。今尹氏于其姻亞，未嘗問而辨其賢愚，未嘗當官而有功狀，豈可以欺罔君子哉？○小人不憂國之斬，未嘗不慮身之殆。然不平其心而偏任小人，以罔其君，未有不殆國事而終以自殆者。故以是警之。四章。

此章「君子」，亦謂王也。尹氏與群小朋比，以罔君子，所冀者惟王心之一悟耳。尹氏弗躬弗親，使王能親政而究所底，則民心爲之闋矣。尹氏不平其心，使王能平心而察其奸，則衆怒可以違矣。而王終不寤，是以作誦，以究王訩也。五章。

「相爾矛」者，怒君子而有戎心也。「既夷既懌」者，逞志於君子，則與其黨益歡洽也。秉國均者，醜正惡直，群小必助爲爪牙。既得所欲，則優之以官爵，裕之以貨財，同惡相求，如酬酢焉。舊説皆未得其義。八章。

不仁之人，使在高位而播惡於衆，小人之朋，並據要津以傷善類，人事之不平極矣。無所歸咎，則以爲天實爲之耳。九章。

任非其人，則國將卒斬，苟動其心，則萬邦可畜。首尾綰結，中間脉絡皆會于此。末章。

正月

首章至四章言天變於上，民怨於下，將有易姓之禍。蓋天心甚愛斯民，不忍聽其久于危殆，定理可憑也。五章、六章言事勢至此，惟冀君大夫自懲其心，而乃「具曰予聖」，明於義理者，至於局天蹐地，號懼陳言，而小人方肆爲虺蜴，安望天之悔禍哉？七章至十章言我生斯時，進退維谷，既不能自輸其力，而虐政方深，滅亡之禍可立而待。及其顛覆而後求助，不若保於未危，而如其不以爲意，何也？十一章至末章言禍亂之興，昭然可覩，而小人方晏然樂憂，各固其黨，各營其私，一旦大命既至，彼封殖以害民者無論矣，而惸獨亦將與焉，天心其謂之何哉？即雨無正「舍彼有罪，既伏其辜，若此無罪，淪胥以鋪」之意也。

政事縱弛，則天應之以常燠；嚴急，則應之以常寒。故周亡無寒日，秦亡無燠年。曰「民今方殆」，曰「胡爲虺蜴」，曰「胡爲厲矣」，則政事嚴急可知。故當正月而有繁霜之應也。○民困於虐政，則因災異之降而倡爲浮言以動衆，故曰「亦孔之將」，言可畏也。下章所謂「莠言」亦爾。蓋政暴則民危，民危則反不忌其上，故敢爲惡言而不可禁耳。首章。

此章宜作賦而比。三章。

民已危殆，而虐民者方肆於上，似天心亦夢夢然。乃天心豈終無定者，「有皇上帝，伊誰云憎」，終不使肆於民上，以棄天地之性也。四章。

此章似宜作比。蓋謂山爲卑，而其實爲岡陵之崇，猶謂民爲愚賤，而訛言朋興，實足以基亂而可畏也。因有繁霜之異而訛言朋興，故召故老訊占夢。然亂世之君臣，皆自以爲聖，誰敢竭誠無隱而顯明臧否哉？○「具曰予聖」，謂其對故老及占夢之人俱先自以爲聖也。既自聖，則誰敢自謂吾知此事之是非、此人之善否者乎？五章。

雖昏亂之世，未嘗不收羅君子以從衆望。然實執其手足，使不得展布，無由得其力，所謂善人載尸也。七章。

幽王之昏迷，褒姒之讒慝，師尹、皇父之貪横，龍漦妖徵，檿弧謡驗，諸侯離心，申、駱相結，亂亡之形已顯見矣。故知褒姒必滅宗周。「燎之方揚」，喻群邪項領、豔妻方煽之勢不可遏也。東遷以後，王室微弱，平、桓諸君未聞大爲威虐，其臣亦未聞專恣貪暴若此者。此四篇並作於幽王之世無疑也。群儒多以「褒姒滅之」爲疑，朱子獨謂時宗周未滅而知其必滅，知言哉！八章。

民生狹隘，已無可樂，其思亂之情雖若隱伏，而循數推理，亦甚昭然可見。奈何復爲虐不悛，以迫之使動乎？十一章。

春秋傳引此詩曰「晉不鄰矣，其誰云之」。小人黷貨無厭以私厚其姻黨，其姻黨必盛有所稱述也。十二章。

小人之虐，以濟其貪也。此有屋有穀者，即爲虺爲蜴者也。小人之封殖如此，則民之無禄可知。是天降禍亂而椓喪之也。富人，即謂小人之有屋有粟者。火炎昆岡，玉石俱焚，彼厚自封殖以病民者，使罹此禍可也；而惸獨亦將與焉，可不謂大哀乎？即三章「民之無辜，并其臣僕」之意也。孟子所引，乃斷章取義。末章。

十月之交

首章至四章言天變之作，由國無令政，所任非人，乃災異迭出，而君心不懲，内寵、群奸安肆自若也。五章、六章專言皇父貪暴，若曰：觀皇父一人，而艷妻之煽、卿士師師非度〔一〕，皆可知矣。七章、八章言己無罪被讒，己之里獨蒙其禍，則迫于身而不覺言之痛疾也。

不用其良，所以無政也，而惟其無政，是以不用其良。先王求賢如渴，欲修明其政也。若無政，則必僉險庸劣，乃能相從於昏而曲逢其欲。良士居其間，則必鯁焉，安能用之？次章。

王朝者，四方之儀則。觀皇父以下無一善類，則四國之不用其良，蓋則而象之。○備言群小竊位而終以艷妻煽處，自古小人未有不依女寵以爲讒慝者。好權之臣，必貪利而因以利惑其君，故去讒、賤貨、遠色，有一不能自克，則賢者必不能安。四章。

時西周未改，而皇父作私邑於東都，必見内寵奪嫡，申、駱重婚，而早營窟穴也。故轉目爲

〔一〕「師師」，光緒本同。按，下「師」字疑當作「氏」，詩經十月之交：「楀維師氏。」

孔聖，所以發其陰謀不忠之惡。以上約李鍾僑語。雨無正所云「正大夫離居」，正謂此耳。其曰「不憖遺一老，俾守我王」，則驪山之禍已在詩人目中矣。皇父貪愚，擇多藏者以自隨，不足怪也。而所引用六官之長及侍御左右，皆番與家伯、仲允、聚子、蹶、楀之流，不留一老成忠直之臣于闕廷，一朝變作，行見王之獨立于庭，故不覺其言之深痛耳。六章。

李鍾僑曰：君子、小人之所以分，在責人與反己而已。皇父徹人之牆屋，荒人之田畝，而自謂禮之當然，責人無已也。詩人黽勉從事，不敢告勞，終則歸之天命而不敢自逸，反己之盡也。

○傭、徹俱訓均，傭工者役必均，徹田者分必均也。末章。

雨無正

當時外而諸侯，内而正大夫，皆不肯正言以瘁其躬，而思離居以遠于禍。在位者勇退，既出者不反，惟暬御近臣，無所逃隱，故不禁幽憂痛疚，垂涕泣而道之。

謂此詩作于東遷以後者，皆據「周宗既滅」爲斷。然平王東遷，晉、鄭是依。文侯修捍于外，武公勤職于内，七姓從王，未有二心。他年曲沃簒弑，王且命虢公致討，則雖微弱而上下齊和，與此詩所云絶不相類。蓋幽王之末，群臣列辟皆知王室之將傾，欲自遠以免禍，故呼嗟而正告之曰：若周宗既滅，則凡爲臣子，皆靡所止戾矣。雖欲遠迹以自全，豈可得乎？「覆出爲惡」，謂王及皇父、番、楀之徒也。中外離心，庶幾懼而改圖，而覆出爲惡，欲周宗之不滅，得乎？次章。

呼昊天，不敢斥言王也，此章前後之樞紐。天之降喪，民之淪胥，中外離心，小人播惡，皆由王之不信法言耳。戎成饑成，「辟言不信」之明效也。辟言不信，則巧言爭入矣。正言者躬瘁，巧言者處休，此凡百君子所以莫肯用訊也。○法度之言，乃義理所歸宿，如行者之有程也。辟言不信，則冥行而不知其所底。然爲人臣子者，以君心之回僻而不自敬其身，可乎？凡離居以自逸，聽言而莫訊者，皆忘人臣之義而不自敬其身者也。雖不畏人言，獨不畏天命乎？六章怨及朋友，示人言之可畏也；首章降喪疾威，示天命之可畏也。三章。

戎已成而亂勢不退，饑已成而民生不遂，己獨憂病，而群臣無以是告王者，王何由悛哉！「聽言則答」，聽王之言則漫應之，唯唯諾諾而無所可否也。四章。

三事大夫，莫肯夙夜，則皇父作向以後，自王都而遷于外者，必非一人，故詰之而以王都無室可居爲辭。乃責之曰：爾昔之出居，固有從而作室者，何以不作于王都而與王相守也？○憂思泣血，所以慮其室家者，言之無不痛切，而獨不念周宗之滅，自敬其身，畏天之命者豈如是乎？末章。

小旻之什

小旻

「謀臧不從，不臧覆用」，是天奪王之鑒也。而但言天降疾威，雖陳痛哭流涕之辭，不失爲尊者諱之義，古人立言之則也。首章。

潝潝，小人相比之狀。訿訿，專以君子爲詬病。○始也謀臧不從，不臧覆用，以爲偶然耳，猶望其或止，故曰「何日斯沮」。繼則凡臧者皆是違，凡不臧者皆是依，則無望其沮矣。故嘆其「伊于胡底」也。次章。

是非顛倒，棄善從邪，是以盈庭碌碌，漫爲依違無定之言以避咎。先民之程，大猷之經，無敢昌言，而上所聞皆偷苟之計，下所争惟鄙賤之謀也。次章至四章。

問道當于已經，與未嘗行邁者謀，所以不得于道也。三章。

言國是雖無定，而人未嘗無通明者，人之成德者雖少，而資材可造者衆。但上之人棄善而用不善，恐善者亦從而靡，將如泉流之淪胥以敗耳。五章。

人但知不敢暴虎，而不知謀之回遹，招殃致凶，猶暴虎也；人但知不敢馮河，而不知謀之回遹，陷滯莫濟，猶馮河也。此知之者所以如在冰淵也。〇或曰：善謀不用，則君子之黨必有憤激而欲與小人争勝者。然君方用其謀而依其人，徒使善類並罹其禍，特暴虎、馮河之勇耳。故于人則以淪胥爲憂，而在己則履冰之懼也。末章。

小弁

内寵間后，嬖子奪嫡，敗亡之禍，恒必由之。故念周道之將爲茂草，而惄憂如擣也。次章。

言無人所瞻者非父，無人所依者非母，而我獨見棄，豈「不屬于毛，不離于裏」乎？三章。

鹿奔、雉雊，興母之見黜也。木本既壞，枝亦病而銷亡，喻母黜而己因見逐也。「寧莫之知」，非謂人不知也，言我之憂病如此，王寧莫之知乎？故六章言君子秉心之忍，而七章推原其故，由于信讒而不舒究也。五章。

宋平公信伊戾之讒殺其世子痤，叔孫信豎牛之讒殺其子孟丙、仲壬，後非不悔也。使事端初見，稍舒緩之，而究其情，則讒人之罪狀可得矣。豈至陷于大過哉？七章。

巧言

信讒爲好禍，則見讒而怒，即君子之作福也。次章。

秩秩大猷，惟聖人乃能定之，豈可與宵小讒人決國家之大計哉？雖人藏其心，然未始不可忖度而得之，如兔雖狡，遇犬則獲，見讒言之人，王當究察，而不宜遽信也。四章。

樹木當樹良材，胡讒人如盜，而君子乃聽之也？「往來行言」，即讒人緝緝翩翩而進于王者，碩言、巧言，詩人一一皆心數之也。蓋讒人之傷善，必自矢爲忠貞，巧附于義理，故蛇蛇之碩言，出于口而無慚，巧言如簧，人皆見其肺肝，而彼之顏則厚也。○李光地曰：荏苒柔木，以興善柔便佞之小人。君子聽信其言，是樹之也。五章。

讒謀既大且多，始雖病君亂國，使無辜受殃，終當害于而家，凶于而身。爾居之徒衆幾何，豈足以敵衆怒哉？蓋讒人盜心，又厚顏而不知恥，惟懼之以禍，庶幾畏而改圖耳。末章。

何人斯

「二人從行」，言己與暴公比肩共事也。「誰爲此禍」，言隙不自己開也。次章。

逝陳則入門矣，聞聲則通問矣，而不見其身，何也？蓋通問而不請見，以急行爲解。三章。

巷伯

楊園之道，加于畝丘，非理之所有，似以興世亂讒勝，小賤之人將漸加于大人也。所謂微者，則其人必微。末章。

谷風

惠風和暢，草木皆自得于崇山通谷之中，然必無一草不偶死、一木不偶萎之理。以比朋友之交，小怨不足以累大德也。末章。

蓼莪

南山而言烈烈，象居高者自爲尊嚴，而民瘼無由上達也。發發而舉飄風，象政令無常，民不堪命也。然民生雖同此阨隘，而有父母存者，尚可以盡啜菽飲水之歡，故又嘆民莫不穀，而己獨罹此閔凶也。四月篇「冬日烈烈，飄風發發」，可與此詩相證。末章。

大東

匕所以升牲體也，簋飧雖滿，而飯酭有數，牲體雖充，而登俎有度，以興職貢有常經也。首章。

李鍾僑曰：不獨奢侈之患，而品服無章，上下僭亂；不獨服物之紊，而官職冒濫，下及隸圉。所以睠懷而出涕也。四章。

周官九貢，各以土之所有，惟幣帛則無國無之。太公治齊，冠帶衣履天下，故東人困於徵求，杼柚其空，而望天漢監照也。五章。

天漢有光，望其能監我之情也；織女七襄，望其能助我以力也。然孰意織女報章不成，而牽牛亦不可以服箱，畢亦不可以罣籍乎？雲漢不能監，而啓明、長庚亦虛有其光乎？其意蓋謂織文菽粟，百貨皆人力所成，非天降地出，神輸鬼運也，豈能恣取而不竭哉？末章言箕舌之載翕，斗柄之西揭，則絶望于天之降監矣。五章至末章。

李光地曰：啓明、長庚，先後於日，畢星好雨，蓋望近君之臣以民病告王，而降其膏澤也。

風以施誥命，斗以酌元氣。今箕閉其舌，則號令不聞；斗揭其柄，則惟務汋取。民無蘇息之望矣。六章、末章。

四月

據詩人所自言，不過盡瘁而上不知，遂謂「先祖匪人，胡寧忍予」，非義所安。其所憂，蓋在禍亂已成，君國人民無所底麗，故不禁言之悲憤，而非爲一身之故也。夏徂秋至，興治日之已往也；日烈風發，象亂政之亟行也。亂離瘼矣，指窮民之遭饑饉，困于貪殘者而言也；民莫不穀，指小人之黨有屋有穀者而言也。王信用殘賊之人，不惟己受其害，凡國之良材皆由是以廢斥，而莫知其罪，故七章歎無所逃于天地之間也。蓋君心者萬化之本源，既混濁而不清，則日構禍亂，而曷云能穀乎？政教者，天下之紀綱，既大敗于殘賊，則已雖盡瘁，而孰能我有乎？所以自恨不能如鳥之高翔、魚之潛伏也。然作歌以告哀，則猶冀君之一悟耳。

栗可以實豆籩，梅可以調羹飲，喻有用于君國之良臣也。而小人惡非其類，故其廢也，多爲小人所殘賊而莫知其過安在。詩人蓋爲小人所忌，而憂殘賊將及其身者。故曰「先祖匪人，胡寧忍予」也。四章。

視彼泉水，源清則流清，源濁則流濁，豈有日構禍本而能善終者乎？其曰我者，不敢斥言其上，猶微子所謂「我其發出狂」也。○泉之源本清，有時而濁者，泥沙汩其流也。世之運常治，而卒至于亂者，殘賊構其禍也。五章。

世亂讒勝，惟卑官散人爲小人所不屑措意，尚可免于殘賊，故感梅栗之見復，嘆天淵之莫遁，而轉羡蕨薇、杞桋，尚可自得于山澤之間也。末章。

北山之什

北山

偕偕士子，旅力方剛，不宜以勞于王事爲怨。所以然者，有父母而不得養，且曰「嘉我未老」，則年已將及矣。而不已于行，是使父母憂思而無一日之安也。然所歎惟大夫之不均，而無怨上之辭，所謂止乎禮義。

聘禮，君與卿圖事，遂命使者。詩人自言獨肩勞役，必當國之大夫稱其賢，而數以艱辛之役屬之也。唐、宋柄臣排異己者，多稱其能，出之于外，觀末章「慘慘畏咎」，則非真以爲賢而相倚任明矣。二章。

無將大車

篇中似無行役勞苦之義，蓋賢者生亂世，見柄國者非人，以致奸賢不分，百事倒置，如塵雖冥冥，旁觀者懷憂而莫救也。蓋雖思之而無道以開其蔽，弭其亂，憂危之形耿然于方寸間，以自病自累而已。

小明

時當衰亂，賢者多遭譴怒，陷罪罟。中人以下，必謂正直可以賈禍，而依阿朋比，以求苟免。故戒其同官：果能守道不移，則民神鑒之，必不至罹彼不祥。此詩人之愛人以德也。○共人，必作者平生道術所宗，分誼在師友間，故念之而涕零如雨也。君子，則同僚中可與言者。故戒以「靖其爾位」，導以「正直是與」。若共人，則兩心鑒照，天涯不隔，我盡瘁於外，彼盡瘁於内，無庸復有戒勉，而心之憂苦，戚之自詒，彼此同之，故睠睠懷顧，至寢興爲之不寧也。

穀，善也。用善與之，謂降以吉祥善事也。自憂陷于罪罟，因戒僚友謹身以獲神祐，詩人之忠厚也。四章。

鼓鐘

備言樂之不僭，則非其地、非其時、非其事之義具見矣。所以心竊傷之而允懷於淑人君子也。

楚茨

李光地曰：楚茨以下四篇，乃籥章所謂豳雅也。豳風、雅、頌所稱，上不及天子，下不係卿大夫。其曰君、曰公、曰公子、曰君婦，皆有國者名號，而信南山篇所謂「曾孫田之，我疆我理」，于天子及卿大夫之事尤不相似。當爲諸侯之始辟土地者，與大雅公劉荒豳之文，正相應也。○四篇皆祭祀之詩，而編于雅，何也？其體製、音節不可以入于頌也。蓋至周公制禮作樂，分六詩而後，風、雅、頌之辨益明。燕饗、朝會、祭祀所用不紊。商頌五篇，那與列祖外，體皆近雅，似其時雅、頌皆可用以祭祀。公劉興于夏之中葉，荒豳居，立宗廟，肇方社，祀田祖，各爲詩歌，以將祀事，子孫皆承用之。至周公制禮作樂，然後以甫田、大田被之籥音，而用以方社祈年；楚茨、信南山則存爲雅詩，而不用之于宗廟與？二篇所言，皆侯國祀事，不可奏于天子之廟。雅詩多不被于樂者，故可存。○先王望祀，不求其福，而四篇無一不言福，何也？周官大宗伯，五禮惟祭曰吉禮。國家無事，主人無喪疾，年豐物備，及時享祀，即莫大之福。故楚茨首章特揭其義，而所謂「神報以福」者，不過身之壽考而已。稽之大雅、周頌，惟成、康以後之詩始間有言降福者。若后稷、大王、王季、文、武之樂歌，則無一有焉。蓋必周公所考定，故言不過物如此。

首章。

管子言苗，曰「莊莊乎其士也」，即翼翼之義，蓋如人之植立而竦敬也。○鄭箋：介，助也。

「或肆或將」，體解而進之也。郊特牲「腥肆爓腍祭」，注：肆，解剔也。○「是皇」，言先祖皇皇然而降格也。楚辭「靈皇皇兮既降」，蓋儼若見之之義。由是進爵薦俎，神安饗之，似不必以神保爲尸。少牢饋食禮：祝饗于陰厭，在尸未入之前。即特牲禮祝饗于尸入之後，亦祝神之饗也。勸尸曰侑，不得稱饗。○公劉「始立君宗，執豕于牢」，未能毛而物之也。至是「絜爾牛羊」，則養牲省視之職修矣。酌之用匏，不辨其爲神與人也。至是而俎豆畢陳，獻酬交錯，則尊彝散角之用別矣。百度興舉，氣象日新，此公劉匪康之實事也。○李光地曰：君婦，豳公夫人也。笑語者，祖考之笑語也。記云：思其居處，思其笑語。思祖考之笑語，而如或得之，則神之來格可知矣。次章、三章。

「永錫爾極」，謂錫之以福，無不各極其至也。「時萬時億」，承百福而極言其多也。四章。

神保非言尸也，既曰「鼓鐘送尸」，又曰「神保聿歸」，則非言尸明矣。蓋神具醉則尸可起，尸既出則神當安然而歸也。次章「神保是饗」，謂神安然饗之也。三章「神保是格」，神安然來格也。○祭畢而徹，宜也，而曰廢徹，何也？廢者，置也。莊子「廢一于堂，廢一于室」，爾雅：廢，舍也。注：舍，放置。特牲饋食禮：佐食徹尸，薦俎敦，設于室中西北隅，厞用筵，納一尊，闔牖户，祭禮所謂陽厭也。佐食所徹置于室，以爲陽厭。君婦所徹置于房，以燕宗婦内外宗，故廢徹並舉。且先廢于徹，以見將别陳之，與終事之徹異也。康成訓廢爲去，似未核其實。五章。

信南山

李光地曰：大雅篤公劉之篇，言度其隰原，迺疆迺理。此詩所言，正其事也。當夏之中葉，故推本于禹功。南山謂所陟之南岡，非終南也。公劉，后稷之曾孫，此篇所謂曾孫，即公劉也。

甫田

此春祈之籥章，示曾孫以省耕恤下之仁也。故首章曰「食我農夫」，次章曰「以穀我士女」，三章曰「農夫克敏」，卒章曰「農夫之慶」，謂田家士女終歲勤動，我坐享如坻如京之積，而矜恤可不備至乎？歲取十千，經用之式，本用二而儲一，屢豐年，尚出其陳以食農人，則荒祲不待言矣。利民之忠，上能曲盡如此。

不窋失官，自竄于西戎，至公劉始經田野，萬事草創，故就省耕之時而烝髦士。若文、武、成、康之世，則士歸于學校，賓興有典，視學有期，不宜就田間而進之矣。或曰：曾孫稅止之地，若聚教于黨、庠、州、序之士，適歸視其家，則亦進而誨喻之也。首章。

豳既定遷，人聚物豐，故宗廟用大牢，方社用犧羊，而備成國之禮。記稱天子社稷大牢，諸侯少牢。以此詩證之，蓋三代之達禮也。二章。

曰攘者，饁者以糲食不敢進于曾孫，故强取而嘗之也。三章。

大田

此秋報之籥章，示農人以敬上興仁之義也。故飭力戒事，不以爲室家之私計，而曰「曾孫是若」；望雲喜雨，皆以爲公田之餘潤，而曰「遂及我私」。至于穉有不穫，穧有不斂，則利及寡婦，即成周相保、相受、相救、相賙之典法，皆始基于此矣。次章言螟蟲不生，爲獲神佑。末章乃推本于曾孫之禋祀，能介景福，而農民亦與焉。通篇意脉之相貫如此。○信南山以下三詩，宜作于一時。蓋公劉遷豳，立君宗，定田賦，遂作信南山，言宗廟之事；甫田言春祈，大田言秋報，其後宗廟之器物漸備，禮儀益詳，更作楚茨。五經之出，惟詩傳于民間之歌誦，本無册籍，故漢儒編録，以辭事之盛而先楚茨，非以時代之先後次也。觀此，則諸侯有賜樂，亦三代達禮。○黄琰曰：上取其陳以食農人，而下推其餘以利寡婦，上行而下效也。

瞻彼洛矣

弦管雅、南，樂皆不僭。作之者非人，則聞者懷淑人而憂傷。韎韐、鞞琫，戎服之常。服之者能稱，則瞻者知家邦之可保，可與孟子對齊王語互證。

裳裳者華

一見而心寫，必其在國之治功、四鄰之德譽、表著之威儀，有以大慰天子夙昔倚任之心也。首章。

此章專言車騎之雍容，亦淇澳「寬兮綽兮，猗重較兮」之意也。三章。

維其有章，非獨威儀之美，凡行身之有度，制事之得宜，出言之中理，皆是也。此章乃推原其故，以爲君子之無不宜、無不有者，惟其德之充實于中，故發于外者無不與其中相似也。末章。

桑扈之什

桑扈

古字不、丕通，雅、頌「不」俱當作「丕」。那，安也。大能歛戢，大能戒慎，則受福大安也。三章。

鴛鴦

李光地曰：自瞻洛至此，辭義與蓼蕭諸篇相類，而篇什不相從。以首篇推之，則皆爲東都之作可知。鹿鳴以下，天保答之；魚麗以下，南山有臺答之；蓼蕭以下，菁莪答之；瞻彼洛矣以下，鴛鴦答之。其義皆相似。

頍弁

李光地曰：「實維伊何」，設問此頍弁者何人也，故下以「兄弟匪他」答之。「實維何期」，設問期以何時來也，故下以「兄弟具來」答之。繹其辭意，蓋受燕者所作，故以蔦蘿自比。而卒曰「君子維宴」，則斥言主人耳。爲此詩者，蓋所以勸親親，如棠棣之類，而託爲兄弟姻親之言。其曰「死喪無日，無幾相見」，猶然孔懷、原隰之哀也。

燕飲之詩，而曰「死喪無日，無幾相見」，古人之厚且誠也。末章。

車舝

此宴樂其新婚之詩，而所以望之者，曰「德音來括」，曰「令德來教」，曰「高山仰止，景行行止」，使女子聽之，凛然有責善之意。所以和樂而不流，宴安而不亂也。

言思季女，如飢如渴，以其素有賢聲，故求爲嘉耦而來胖合也。〇夫婦如賓如友，「雖無好友」，蓋男子之謙言也。曰無者，就女子而言。言汝雖無嘉耦，且當燕飲喜樂也。首章。

能以令德來教，然後安且譽，然後好爾無斁，則聞者可以自省而惕然矣。次章。

禮，三月始成，婦告廟而反馬，爲婚之始，恩義未得遽深，故曰「雖無德與汝」，且歌舞以相樂也。三章。

言少有如我覯爾之心寫者。四章。

「高山仰止，景行行止」，而以施于夫婦之間，非聖賢之徒不能爲此言也。衆人皆以閨房爲宴私狎暱之所，不知女子之德，必如高山之可仰，景行之可行，然後可以寄内治，成夫德。男子知此，則僻而傷恩、暱而廢禮者亦鮮矣。末章。

賓之初筵

篇中絶無自責之意，而以爲悔過，何也？蓋武公親見厲王之荒耽，不取斥言，故作懿戒，則曰自警；賦賓筵，則自謂悔過也。古者唯祭與射，有飲酒之禮；而于旅也語，或賦詩以見志。有監有史，孰敢出位而舞，況號呶乎？厲王顛覆厥德，與群小荒宴，而亂禮之大常。武公目擊心傷，故託言飲酒悔過，以爲子孫臣庶之戒也。蕩之篇「既愆爾止，式號式呼」，可與此篇相證。

功，狀也。奏中否多少之功狀也。大射禮，釋獲者取賢獲告于公，曰某賢于某若干純，若干奇，或左右鈞是也。首章。

「錫爾純嘏，子孫其湛」，尸嘏主人之辭。「其湛曰樂」以後，則祭畢而旅酬之事也。「各奏爾能」，謂兄弟、衆賓、子弟皆有事也。「賓載手仇」，重賓之酬而特舉之。「室人入又」，旅酬之後，同姓者又入燕于寢也。「以奏爾時」，燕樂及舉爵之時而奏也。次章。

初筵則「左右秩秩」，而後乃「舍其坐遷」；初則「舉酬逸逸」，而後乃「屢舞僛僛」。蓋既醉而不知其過也。○或曰：「不知其郵」，即謂舍其坐遷。蓋號呶、屢舞，不知郵歷他人之位也。四章。

言，自言；語，與人語也。或言及之，或因事而發，皆由也。匪是則妄且躁矣。末章。

魚藻

篇中無頌德語。蓋天子端拱，飲酒樂愷，而有那其居，即政教之順成、民物之乂安，可見矣。易曰：「雲上于天，需，君子以飲食燕樂。」蓋九五剛健中正，萬事得理，無爲以俟化成之象也。

采菽

首章言錫予之隆，次章言車旂之盛，示之以來朝之榮也。居寵者不可以驕，故三章言即事之恭，不如此不足以保天子之寵命而申固其福禄矣。然天子之于群侯，非徒責以即事之恭也，必能殿天子之邦，然後無愧于王朝禮意之厚。末章言天子能揆度其心而厚錫之福，上下無猜，優游自得，又所以勸其忠。

黄琰曰：紓之原生于恃功恃恩，自謂無傷，而不知陷于不恭不敬，以啓疏離嫌忌之萌。少事長、賤事貴皆然，不獨君臣之際宜謹也。三章。

爲國以得人爲本，此率從之左右。禮事辨治如此，所以能殿天子之邦也。四章。

黄琰曰：葵者，以身處其地而察其心也。臣不敢紓，而君則揆之，是以上下能相親也。〇李鍾僑曰：「天子葵之」，則不特功業之著見者不至掩抑，其力所不周，情有可諒，與獨盡其心而衆莫之知者，皆得之矣。○戾，定也。凡諸侯憚于朝覲，恐天子不察其心，而多求以困之耳。今葵之而厚以福禄，優游燕語，則可自安定矣。○惟盛王之世，朝聘以時，貢獻有節，禮下以誠，四方無金革札荒，然後朝會者能優游而自得。此詩人之善言治象也。○或曰：「天子葵之」，度其所述之職以爲命賜之隆殺也。能得賢以殿天子之邦，則必以福禄厚之，而可優游自得矣。亦所以警其不能者。○其始見也，齊遬而不敢紓，爲天子所予，故終乃優游而自得也。末章。

角弓

上兼昏姻，此獨舉兄弟昏姻，亦外兄弟也。雖偷薄成風，而性質之善者尚能寬綽厥心，其不令者遂不知相瘉爲惡德矣。三章。

此必當時實事，有兄弟爭爵，既受爵而身亡者，故指爲後戒。下章「老馬爲駒」亦然。四章。

小人本善攀援，而上信用之，「教猱升木」也。使污邪之習朋興，「如塗塗附」也。導以不善而下應之速如此，如有徽猷，則小人亦當革心而與屬矣。六章。

骨肉恩薄，猶陰雪之沍寒也。若煦以陽和，則立消矣，而上不肯以德意下遺。遺，當與「相加遺」同義。惟居高而肆驕慢，尚安望涼德之變更哉？七章。

菀柳

鄭箋：蹈，讀作悼。朱注：蹈，當作神。俱未安。毛傳：蹈，動也。蓋跳躍則震動不寧。戴記：「發揚蹈厲，太公之志也。」兼有武厲之義。不敢斥言王之暴虐，而以爲甚蹈，立言之體然也。

都人士之什

都人士

此詩首言其容不改，蓋因晚近服飾之淫靡，而思先古之素樸也。笠之以臺，撮之以緇，充耳之以石，皆言其素樸也。綢直如髮，卷髮如蠆，言其任質自然而不爲巧飾也。蓋必有華其笠、純其冠、珠貝其瑱、短其帶、巧飾其髮與縰，以爲冶態者，故思古而軫懷焉。

下之禮俗，一視上之德教。「狐裘黄黄」，王朝公卿之服也。瞻其容貌，則慢易不生；傳其語言，則相與竦動，所以能係萬民之望也。行謂將命而出，歸謂終事而返。一出一入，皆能使萬民瞻式，此禮俗所以型也。義見于篇首，故下四章惟述士女之淳風，以致其慨嘆而已。首章。

綢，謂以纚韜髮也。綢，直由切，説文：「繆也。」唐風「綢繆束薪」，傳：「猶纏緜也。」楚辭「蕙綢」，注：「束縛也。」又他刀切。檀弓篇「綢練設旐」，注：以錦韜旗之杠。爾雅：「素錦綢杠。」韜與束縛義同。禮教盛時，女無治容，故以纚韜髮，直如其髮之本。然髮長且多，則髻高廣；寡而短，則髻亦陋削。春秋時，衛侯剪己氏之髮，以爲呂姜髲。及漢以後，又有倭墮髻，則非其髮之本然矣。○「狐裘黄黄」，在上之人士也；「臺笠緇撮」，在下之人士也。在上者，言則衆聞，行則衆見；在下者，言行不可得而詳，故第言其服飾也。然觀其服飾，而其應上之風以成俗者，亦略可睹矣。○于士則貴賤並舉，于女則獨舉貴者。貴者樸素如此，則賤者不待言矣。次章。

厲，與月令「厲飾」義同，言垂帶者有肅厲之容，視民不恌也。鬢旁髮短，不能上束于髻，故以滑物昵之，使卷如蠆尾之曲而上也。義與「綢直如髮」相承。假而如後世之巧飾鬢鬟，則不得直上如蠆矣。四章。

非故欲垂之也，帶之制不改于舊，則自有餘矣；非故欲卷之也，髮之束不改于舊，則自有旟矣。正與首章「其容不改」相應。○必有事或侍尊者，然後擁佩與紳。若行于道路，則帶之餘者自當任其垂。短髮覆額，童女之儀，既笄之後，自當任其揚。惟古風淳樸，一式于禮，故有儀可象，而令人有餘思。此詩蓋爲以巧飾治容争妍者作也，故篇首曰「其容不改」，義貫通篇。○于尊者舉容與言，以其爲萬民之望也。而每下者，亦可知矣。于女獨言髮，以面必擁蔽，可見者惟首服也。末章。

采緑

李光地曰：此詩以爲婦人念其君子，則意味甚淺。蓋刺居位而怠其職事者，故言終朝所采，無幾而已。託言歸沐矣，或期以五日，而六日不見其來矣。狩則弢其弓而不張，釣則緡其繩而不下。而問所欲釣，則魴、鱮也。觀者咸料其無成，而不自警省，可乎？

黍苗

于黍苗見説以先民，民忘其勞；于破斧見説以犯難，民忘其死。

首章曰「悠悠南行，召伯勞之」，時其飢渴，安其舍宿，恤其疾苦之謂也。此曰「烈烈征師，召伯成之」，則部伍嚴肅，百度清明，所經之市肆無囂。既至而館廬不擾，賦功則勞逸常均，終事則材器無耗，非大賢爲主將，不能及此。四章。

隰桑

思賢者告以善道也。言我中心誠愛君子，幸得相見，何不有以謂我乎？我當中心藏之，無日而忘也。與説命「爾交修予，罔予棄，予惟克邁乃訓」辭義略同。古人見賢，必期以善言相告。春秋傳子産賦隰柔，趙孟曰：「武請受其卒章。」意正如此。末章。

白華

或曰之子，或曰碩人，何也？三章、四章辭意稍寬，可稱碩人。曰無良，曰不猶，曰之遠，而稱碩人，則辭意相悖矣。

「天步艱難」，言帝位之難履也。雲英覆露，不遺菅茅，王于配匹之際乖戾暌隔，不可以情通，況疏遠者乎？是以歎天步之艱難，而憂其不能似先王之有終也。○人君所踐者天位，故云天步。次章。

緜蠻

此詩似宜作興。「道之云遠」以下，謂作鳥言，難通。言己中路徘徊，無所依歸，不如鳥之隨處可止，而思有力者或哀其窮而扶翼之也。○李鍾僑曰：微賤勞苦之人，當載飢載渴之際，而其爲詩，飲食之外，即望教誨。古人之不敢自輕其身如此。

漸漸之石

王師東征，必淮夷、徐戎之故，其地平曠，絶無連山峻嶺，蓋取道于崤、函，懼陰雨不能出谷也。故曰「曷其没矣」，蓋望山川之没而得履平地，則雖雨，尚可以駐師也。謂深入所征之地而不得出，似難通。

苕之華

李鍾僑曰：周之隱民，至于鮮可以飽。而方是時，權門姻亞，有粟有屋，旨酒嘉殽，以樂親賓者，自若也。舟人私人，裘熊羆、試百僚者，自若也。皇父作都，車馬屬路，遷載多藏者自若也。民所以鮮飽，端由于是矣。譚大夫但見西人之子粲粲衣服，豈知瞻三星、歎牂羊者，比户皆然哉？雖欲不亡，得乎？

何草不黄

詩之作，時代雖不可考，然如都人士，必東遷以後之詩也。謝邑之營，白華之賦，經傳可徵。至漸漸之石以下三篇，則爲厲王之詩無疑也。幽王溺于嬖寵，至舉烽火以爲娱笑，豈復能力征東夏，經營四方？厲王之世，則四牡騤騤，靡國不泯。觀菀柳之刺，則上逞其威，而民窮于無告可知矣。○周官：大師教六詩，風、雅、頌，體製各異。今雖無考，但以辭意求之，國風正言美刺者甚少，其餘多比物連類，含意離辭，隱躍不露，使人諷詠流連而自得之。小雅正言其事者多，隱而不發者少。然其音節，或近于風，如都人士之什是也。大雅則直切明著，與風謡絶不相類。其義之可别者如此。

「何日不行」，自謂也；「何人不將」，謂他人也。首章。

「何人不矜」，無人不可哀矜也。○三代聖王，不得已而後用兵，即遣戍命使，必曲探其情，哀傷慘怛，不啻在己，蓋以人道使人也。戰國以後，暴君賊臣糜爛其民，視之不異禽獸矣。至曹操渡兵，以老弱填沮壑；苻生謂下民有罪，天生虎狼，助朕殺之，更非人理所有。故曹之子孫宗族，多戕賊于亂臣；苻生年二十三，身遭殺戮，無留種。蓋人事無出而不反者，即天道之無往不復也。次章。

朱子詩義補正卷之六

大雅

文王之什

文王

二章、三章言文王德能載周，以及子孫黎獻，又恐嗣王以祖德爲可恃，而不知反求諸躬也。故四章、五章言商之孫子非不衆多，而忽焉臣服于周，殷士非無膚敏者，而今乃祼將于京。六章前四句欲王脩德以求福，所以終二章之義也。後四句欲王鑒殷以凝命，所以終四章、五章之義也。○二章言令聞，七章復言義問，非名之爲貴也，蓋德之誠無不形，政之善無不應。聖人感人心、享天心之實，于是乎見之。

衆人之生也滑昏，故其死也，智氣亦隨時而散。若聖賢豪傑，則清明之氣發揚于上，實有在天陟降之理。召公亦曰殷多先哲王在天，非謾言以欺衆也。春秋傳曰：「神，聰明正直而壹者也。」聰明正直，純一而不雜，則其智氣不散而爲神矣。○周之德大顯，故帝命大以時集也。首章。

身殁而令聞不已，由其生之亹亹也。亹亹者何？敬以緝熙也。惟其生也敬以緝熙，所以既殁而於昭于天也。○古聖賢相戒相勉，必以令名。周公稱文王令聞不已，而先之以亹亹，蓋非至誠無息，則道有時而離，心有時而怠，令聞亦應時而殞，人心之直，不可枉也。棫樸之詩亦曰「勉勉我王」。聖人生知安行，猶終其身以亹亹，況下學乎？○周頌「陳常于時夏」，尚書君奭「率惟兹有陳」，皆謂敷陳治教也。言文王陳治教以敷錫于庶民，故能載周以至奕世也。○「陳錫哉周」，春秋傳作「載周」，義更切。○凡周之士，亦世世大顯。次章。

文王小心翼翼，故其謀猷亦翼翼，而足以長育人材。蓋典法既可爲儀式，而教化實通乎陰陽。故奕世生才之盛如此。觀春秋、國語士大夫言語氣象，可想見成、康之際，周士丕顯之實。○「厥猶翼翼」，言所謀之深遠也。謚法：「思慮深遠曰翼。」○惟此章及大明、韓奕二詩内「丕顯」，若以爲不義，不可通。三章。

人心肆則物欲交，而本體之明息。文王惟敬，故能不息其明。○四章、五章言殷之子孫，群臣服事于周者，即前車之鑒，似無天絶商之禍及其子孫，又及其群臣、後嗣之意。四章。

李鍾僑曰：呼王之藎臣而告之，欲藎臣時以此意警迪王心，又使王知不能以畏天法祖相敉者。即非藎臣而凡爲王臣者，皆知休然爲戒也。○繼世之君，所以恣睢于民上者，往往以祖德爲可恃，天命爲可常。「無念爾祖」，言無專念祖宗之德以爲可恃也。觀下章辭意可見。五章。

言無念爾祖，但當自修其德。苟能常言配命，則多福自己求也。若專恃祖德，則殷之先世，聖賢之君六七作，方其未喪師，尚克配上意，而亡也忽焉，可不鑒哉？下章復云「無遏爾躬」，正謂祖德不可恃也。自五章後，俱此一意相貫。六章。

大明

昭事上帝，以受四國，則文王之德業備矣。然後追述初載之嘉禮，言之體也。首章言天既遐終殷命，故篤生文王，而終之以受方國。四章言天命既集于文王，故篤生武王，而終之以伐商而有天下，言之序也。言文王之生，並詳大任之作嬪；言武王之生，並詳大姒之纘女。以見周家奕世，內主、外主，皆有聖德，而天命非偶然也。

惟所稟之氣純一而不雜，乃能生聖賢。周公推原文王之生，實由大任、王季維德之行，是謂明於天地之性。可爲凡爲夫婦者之法戒。

疑倪天乃有莘國君之號，猶衛風所謂「東宫之妹」也。蓋大姒嫁于倪天嗣位時，故稱妹，而男女異長，故又推本于先君，而曰長子。襄十二年春秋左傳，先王之禮辭有云「無女而有姑姊妹，則曰先守某公之適女」是也。但三代以前，無敢稱天以爲名者，而多名夫，豈「天」乃「夫」之譌歟？○「丕顯其光」，言物采儀容之盛也。五章。

武王伐商，不期而會者八百諸侯。商人倒戈以開周師，則衆心之和可知，故曰「燮伐大商」。六章。

師陳牧野，尚以天命自度，非周公不能知武王之心如此，蓋與湯之「惟有慚德」同也。武成「癸亥，陳于商郊，俟天休命」，義亦類此。曾鞏云：紀二典者，亦皆聖賢之徒，雅、頌之文，非後世文人學士所能措意也。

尚書武成篇但言前徒倒戈，而不言周師之盛威。但言一戎衣，天下大定，而不言商辛之自殞。雖紀事之書，務道其實，而終有所不敢言、不忍言也。至此詩，則上帝臨女，特言萬衆之同心；尚父膺揚，歸于軍帥之奮武。無一語及克商之事，而第曰「會朝清明」，聖人敦仁畏義，言不過物如此，可徵楚詞列擊紂躬，史記懸首大白，皆野人之語。七章、末章。

緜

民之初生，追叙不窋竄荒、公劉徙豳，若顛木之有㽕甹也。○公劉館豳依京，宮廟既成，俾筵俾几。至古公而陶復陶穴者，中葉式微，狄人侵迫，遷徙無常也。首章。

周人苦狄久矣，太王必久知岐陽之可居，故一朝避狄，遂定遷而卜築焉，非倉卒出奔，至周原而漫止也。○「爰始爰謀」，欲經始于岐下，而與衆謀之也。三章。

「迺慰乃止」，慰勞其從遷之衆，而使之止息也。○慰，初至而撫安之也。止，暫休于其地。「迺左迺右」，始列定其居址也。四章。

凡遷都者，必先作城郭、宮廟，然後辨鄉遂，經井牧。大王遷岐，乃迫于狄人，衆繁而相從，以民居、民食爲急，故相其陰陽以分左右，畫其疆理以治田疇。庶事既周，而後營宮室廟社也。五章。

削屢者，上版築畢，則脱去下版而上載之，其版屢斬也。六章。

此章包大王既遷，並王季嗣立後事。七章。

此大王定遷，王季勤家，文王世之初所同然也。至昆夷駾喙，則國勢漸張；虞、芮質成，然後其興也勃焉。

豳之土地雖美，而巘岡隰澗，無高山大壑以爲限隔，其未闢也，狄人不知。及公劉興作，數世以後，人物繁庶，乃羨其利而來争。豳在岐山之北，而周原在岐之南，高山天作，道雖通而險則可據，有林樹以爲阻固，故昆夷復來窺伺，則見山高林深，守禦已備，雖欲馳突，而力不能勝，故退而喙息也。八章。

「曰」俱當作「日」。予謂周家猶史稱本國爲我也。古人文字雖奥，其義未有不順從者。突以「予曰」起之，頗未安貼。蓋言國勢興起之後，我周人材日以衆多，疏附、先後、奔走、禦侮之人漸次以備也。末章。

棫樸

無君行獨先而師徒繼至之理。文王爲方伯，及之者，屬國會討之師耳。文王伐崇，亦云「同爾兄弟」。方伯徵兵，可備六軍之數，必殷之舊典，或文王之憲令實然。前二章皆稱「辟王」，而此曰「周王」，正以顯其爲屬國之辭也。國之大事，在祀與戎。内事則俊髦林立，外事則屬國景從，皆文王作人之效。三章。

文王化行南國，康誥曰：「越我一二邦以修。」酒誥亦曰：「厥誥毖庶邦庶士。」則屬國君臣，聞文王之化而興起者多矣。此章曰「周王壽考」，則所作之人不惟國中之髦士明矣。四章。

此章似可作比而賦。其，即指文王，若曰如追如琢者，我王之文也；如金如玉者，我王之質也。末章。

旱麓

先王之德教，從容漸漬，能盡人之材，使各極其所至，猶鳶之飛而極于天，魚之躍而自得于淵也。三章。

此章與前後義不相屬，疑他詩錯簡。四章。

思齊

「不顯亦臨，無射亦保」，文王亹亹勉勉之實心也。「不聞亦式，不諫亦入」，文王緝熙不已之實德也。三章、四章。

入，義理入于心也。古之君子，睹盤盂几杖而謹其德，觀風雨露雷而知爲教，所謂不諫亦入也。四章。

皇矣

周書屢稱「自奄」，孟子亦以伐奄與誅紂並舉，則二國疑謂商、奄。首章。

「天立厥配」，立周邦以自配也。周書「罔不配天其澤」，又曰「今天相民，作配在下」，蓋王者對時育物，繼天立極，乃天之配也。下章「帝作邦作對」，義同。○木已死者，則拔除之。叢生行列而非良材，則修治其密蒙，削除其礙塞，檿柘可適於用，則芟剔枝格，使得遂長，其別如此。次章。

李鍾僑曰：「因心」，順泰伯以天下讓之心也。泰伯心知大王欲傳國于文王，以篤周之慶，故王季因而成之，所以篤周之慶，即所以體兄之心，所謂「因心則友」也。下文「錫光」、「受禄」，以至於「奄有四方」，乃因心之証據。下章「克明克類，克長克君」，皆友兄篤慶之實事。三章。

察是非與分善惡無異義。克類，爲能盡其義類也，與克明有淺深詳略之別。○記云：能爲長，然後能爲君，蓋有大小之别。四章。

兵者，毒天下之器，惟聖人用之，然後可以對天下。使少有畔援、歆羨，則無以答天下之望矣。然畔援、歆羨，非優入聖域者不能絶。故將言遏密，而先之以誕先登岸。蓋遏密而庛阮，迹近於畔援」，分疆而度原，意似有歆羨也。○文王伐密，據其陵阿、泉池，迹近於畔援、歆羨，而揆之天理，則若循岸而登」，文王伐崇，是伐是肆，是絶是忽，豈徒張大於聲音顔色，而揆之天心，則爲順帝之則，故皆以「帝謂」明其義。○將言伐崇，先之以「不識不知，順帝之則」。蓋以恒情言，則連兵以伐仇，嫌修舊怨」，滅國而築邑，事類專行。文王則惟知帝則宜順，此類皆若不識不知也。張子云：「文王默順帝則，而天下歸焉。朱子則謂此處要説文王無意出做事不得。「我陵我阿，無飲我泉」，分明據有其地。自是大段施張了。周公再稱「帝謂」以明之，而順帝之則，蔽之以不識不知。蓋惟公能深探文王之心，而善言其德行也。○天之立君，以安民也。故社稷無常奉，君臣無常位。聖人渾然天理，無一毫人欲之私，故行事皆明白直截，無所回護。如崇侯虎爲三公，又紂之寵人，設請命伐之，紂必不許，而文王不聞，以擅興爲嫌也。虎雖有罪，餘裔豈不可建置？而遂作豐邑。密人侵阮徂共，遏之足矣，而遂作程邑，詩人美之曰：「我陵我阿，我泉我池。」不聞以攘奪爲嫌也。文王猶有方伯之命，至湯之征伐，又曷嘗受命於桀哉？聖人以天自處，見天下之亂非己不能平，蒸民之生非己不能定，故非常之事，行之如日用飲食，無有疑貳，所謂先天而天不違，後天而奉天時也。此詩三言「帝謂」，若天諄諄然命之，其義深矣。○後世如劉虞、朱儁、皇甫嵩，操得爲之勢，而自潔其身，以致喪身亡國，人皆惜之。然非聖人不能行權，世變愈下，設冒不韙，而無成事，悔豈可追？故無湯、文之德，則三子所守，不可易也。五章至八章。

靈臺

辟廱之作，叙於囿沼之後，何也？其作之本有先後也。步三辰，序歲事，觀妖祥，辨雲物，以降豐荒之祲象，乃民事所最急。故作豐之後，經始於靈臺，其下囿沼，乃天作而地成者，非先營囿沼而後及辟廱也。以其地在郊野，諸侯之大學在郊。觀望廣博，水流環匯，宜爲澤宫，故因作辟廱以習樂而教士焉。其制爲前此所未有，故其後遂以爲天子之大學，而侯國不敢同於靈臺。曰「經始」，則辟廱之後作可知矣。

下武

「下」，宜作「文」〔一〕。首章。

李光地曰：德配三后者〔二〕，由其能思世德而求以合之也〔三〕。二章。

〔一〕「文」，原本作「下」，據光緒本改。按詩集傳「下武維周」注：「下，義未詳，或曰：字當作『文』。」

〔二〕「后」，李光地詩所卷六作「王」。

〔三〕「而求以合之」，李光地詩所卷六作「以求合之」。

李光地曰：孝者，百順之本。則而式之，則所以應一人者，皆順德矣。○「昭哉嗣服」，言武王所以繼嗣三后之事，昭然可見也。下章「昭茲來許」承此言武王所繼嗣先王之事，即所以昭示子孫也。文義與周書「明我新造邦」相類。蓋後人能嗣服先王之德，即先王之明茲來許也。四章。

文王有聲

前後四章，稱文王、武王。中四章則曰王后，曰皇王，何也？作豐之後，幾有易侯而王之勢矣。故特稱王后，著文王乃追王之稱，而當其身，終守群后之臣節也。天子以諸侯爲屏翰，四方攸同，而曰「王后維翰」，則三分有二以服事殷之實見矣。文王之化未被於東方，而曰四方者，自岐周以東，皆東方之國也。至武王，然後禹迹所掩，自西自東，莫不賓服，故稱皇王，以著其奄有四方之實，兼明文王功德雖盛，仍然殷之侯伯也。詩人之稱名，雜而不越，義意各有所當如此。○楚辭「紛郁郁其遠烝兮，滿内而外揚」，有畜積而發揚之義。烝當以此訓。史記文王受命稱王之説本此，不知此謂受西伯專征之命耳。至武王乃稱皇王，則文王受命稱王之誤，即此詩可證矣。次章。

作豐，以配岐周之故邑也。三章。

武王克商，見於大雅者二：於緜曰「會朝清明」，此篇則曰「皇王維辟」。蓋自後人言之，則曰順天應人，曰誅獨夫可也。而周之子孫，則難乎其爲言，而於其事終若有所諱，仁之至、義之盡也。以是知泰誓、武成不可盡信，非孟子之知言，不能及此。五章。

文王，侯國也。故辟廱在郊外。此曰「鎬京辟廱」，則定爲天子之大學而建於國中明矣。六章。

生民之什

生民

蘇洵云：毛公傳：鳦鳥降於祀郊禖之後，履帝武爲從高辛之行。及鄭箋出，而後有吞卵、踐巨人迹之說。吞、踐之事，史記始載之，當毛公時，未始有遷史也。遷之說出於疑詩，而鄭之說又出於信遷，此定論也。此詩所謂「居然生子」者，蓋雖從高辛之行而實無人道之感，故以爲災異而棄之。稷之生，不坼不副，無菑無害，異於常人，在上帝乃所以顯其靈也。而高辛、姜嫄則疑上帝之不寧，禋祀之不康，故既棄而後收之。以此爲説，則無害于理，而于詩之辭意亦前後相貫，無所違背。○古者九黎、三苗合祭天地，顓頊、帝堯遂以爲亂德而加戮焉。郊之祭，尊無與配，故主日而配以月，以月配日，非配天也。五代郊祀配天，必先祖有聖德者，故舜舍瞽瞍而郊堯，鯀之得郊，有以死勤事之功。而議禮者猶有憾焉。禖氏配天，瀆亂不經甚矣。其説始于吕不韋月令，以大牢祀於高禖，然未嘗有郊禖之號也。周官、儀禮、戴記、春秋内外傳，百神之祀詳矣。月令而外，别無及高禖者，則或爲秦人創舉之祀，或爲吕氏欲立而未立之祀，皆未可知。至漢毛公生民、玄鳥詩傳，始云姜嫄從帝而祀于郊禖，又云簡狄從帝而祈于郊禖。蓋因月令以禖爲祈子之祀，天子與后偕往，而生民之詩曰「克禋克祀，以弗無子」，又曰「履帝武敏歆」，則爲禖祀可知，故有從帝而祈于郊禖之説。然謂之郊者，不過謂其兆在郊野，未嘗有配天之説也。至鄭志焦喬答王權，始云禖氏祓除之祀位于南郊，以玄鳥至之日祀之。然其禋祀乃于上帝也。又曰：契以前祭天南郊，以先禖配之。蓋因詩稱禋祀而附會爲祀上帝，因毛傳郊禖而附會郊爲南郊，郊禖爲祭天于南郊，以先禖配之。其實周以前，何嘗有禖祀？生民之詩所云「以弗無子」者，亦何嘗爲祈于先禖哉？世本及譙周古本因云〔一〕：伏羲制嫁娶之禮，既用之配天，其尊貴先禖，當是伏羲。蓋因禖氏

〔一〕「本」，疑當作「史」，譙周著有古史考。

配天義不可通，又從而爲之辭，然其謬愈甚矣。伏羲制婚禮，遂爲先禖，則燧人氏火食，宜爲先炊，何乃爲老婦極卑之祭乎？至鄭、孔謂後王立高辛爲禖神，尤無義理。毛公詩序，朱子承用未改者，僅十之二三，然終悖戾而不安，貽誤後人如此。○朱子云：此詩未詳所用。豈發爵賜服于祖廟，及祈年之祭，終事而燕，則歌此以昭受命之原，兼示奕世載德，不忝前人之意與？

甫田及此詩「攸介攸止」，俱當訓介爲助。姜嫄從高辛之行，蓋爲助祭。曾孫親履田間，亦爲助田畯勞農也。首章。

李光地曰：腓者，以足煖之；字者，以乳食之。三章。

黍、稷、稻、粱，上古即有之，故包以黄茂而不舉其名。頌曰「貽我來牟，帝命率育」，則荏、菽、麻、麥之類，堯時始有。故后稷童而蓺之，至秬、秠、穈、芑，則必稷爲農師，天始降此嘉種，故又别言之也。○恒，常也。自降種以後，常如此也。六章。

「烝之浮浮」以上，后稷肇祀以後，先公承祀之常也。「載謀載惟」以下，乃既有天下，始定郊廟之禮，故以更端之辭别之。記曰：殷人尚聲，臭味未成，滌蕩其聲。至周尚臭，然後灌用鬱鬯，臭陰達于淵泉；蕭合羶薌，臭陽達於牆屋。此宗廟之事所以惟舉取蕭祭脂也。自夏及商，稷與勾龍同祭于社。周有天下，然後郊祀后稷以配天。郊祀必先犯軷，「載燔載烈」，燔柴以升其芳烈也。「以興嗣歲」，則爲冬至圜丘之祀明矣。「于豆于登」，明帝牛實柴，而稷則兼有豆實羹獻也。義法謹嚴，無一言虚設，是謂聖賢之文。〇惟，思也，記所謂「虚中以治之」也；載烈，即以燔柴言，如謂炙肉，則宜曰載炙。〇蕭脂以達氣，豆登以薦實，皆稷祀也。祭天則惟燔柴，故補叙稷祀，而後總言焫蕭燔柴，以升香之始，上帝已居歆。帝歆，則稷不待言矣。惟仁人惟能饗帝，孝子惟能饗親，必平時無罪悔，而後當祭，能昭假也。〇臭即謂其香之升者，言何以氣臭之升，遂可信上帝之居歆如是乎？蓋后稷肇祀以來，先公、先王皆能明德以薦馨香，而無罪悔，故可信神之不吐耳。七章、八章。

行葦

朱子疑此爲祭畢而燕之詩，然祭畢豈能復行射禮？東萊吕氏主王肅燕禮之説，然王燕群臣國賓，同姓雖有與者，而不咸在列也。文王世子篇載公與族食之禮，又有公與族燕之禮，此其樂歌也。蓋王有嘉禮，或宗后眉壽，王族慶賀，自宜獨燕而異姓不同爾。

二章以後，所言不過几筵爵斝、薦羞歌咢之事，故揭其義于篇首，而曰「戚戚兄弟」，蓋雖角弓刺興之後，豈遂無燕射之儀、獻酬之節？所難者，相視戚戚之誠意耳。〇「戚戚兄弟」，猶「哀哀父母」，使聞者惻然有隱。首章。

「舍矢既均」，謂每耦四矢皆發也，訓皆中，尚未安。三章。

王與族燕，雖以異姓爲賓，膳宰爲主人，而玉與父兄齒如先王、先公，實式臨之，故稱曾孫。○父兄耆德，能以善道引翼主人，庶幾同享壽祺而獲景福也。○父兄子弟所望于主人者，戚戚之仁；曾孫所望于父兄者，則引翼之義。末章。

既醉

首章祝以福壽，二章進以昭明，三章期以令終，蓋非清明在躬，則雖壽考而非景福，甚或不能令終。穆、昭之末路，詩人若先見之矣。首章至三章。

父兄所祝，至高朗令終而止矣。嗣子之象賢，後官之令淑，非群下所敢言也。故假於公尸以出之，欲孝子之不匱，則作則不可不先矣。欲女士之觀型，則身教不可不謹矣。且是皆天之所爲也。克享天心，亦惟王公之昭明高朗而已。王季、大任，維德之行，文考所以篤生也。先公、先王奕世載德，徽音所以常嗣也。雖善頌善禱，而規勉之義已具其中。三章至末章。

大雅樂章若作于武王時，則皆先公之尸也。即作于成王時，被天子之冕服者，亦惟武王一尸而已，故統稱公尸。而卷阿亦曰「似先公遒」，周公、召公善體武王之心，而曲盡其義，于兹可見。三章。

觀魏、晉以後亂亡之國，子孫后嬪死亡、奔迫、污辱之慘，始知室家之壼即如天之福也。秦、漢已後，亡國子孫無不被其災者。周人雖遇暴秦之阨，不過其君稽首獻地，仍號南君，以守先祀。皆文、武、周公盛德所積，而詩人所謂「永錫祚胤」者，早信其理之必然矣。六章。

五章言天錫以善，六章言所謂善者在錫以祚胤，七章以胤起之，而「天被爾禄」以下，皆言祚也。八章以祚起之，而「釐爾女士」以下，皆言胤也。蓋有子孫而不爲天命所附，有天命而子孫不賢，皆不得爲善。七章、八章。

假樂

首章言「受禄于天」，而先之以「顯顯令德」；次章言「干禄百福」，而繼之以「率由舊章」；三章言「受福無疆」，而先之以「率由群匹」；末章言「燕及朋友」，而先之以「之綱之紀」，言「民之攸塈」[一]，而先之以「不解于位」：皆頌不忘規之義。蓋人君所以受禄于天者，在宜民宜人；

[一]「塈」，原本作「墍」，據詩經假樂原文改。

所以宜民宜人者，在修德于身；所以修德于身而宜民宜人者，又在法祖任賢；而修德、法祖、任賢，皆不可以始勤而終怠也。故必不解于位，然後綱紀常明，而臣民悉協焉。

能不愆不忘，率由舊章，所以宜君宜王也。次章。

能率由群匹，所以無怨惡于民也。古者君視其臣，如等夷疇匹。周書曰「偶王在亶」，又曰「矧惟若疇」，又曰「大史友，内史友」，所以内下交而民情無所壅遏也。三章。

君之所以燕其臣，臣之所以媚其君者，莫大于息民。而民之所以息者，則在不解于位。不解于位，乃後世人臣所爲犯顔苦口以諫其君、人君所爲束縛譴訶以責其臣者，而詩人以爲燕及朋友，媚于天子，真聖賢之言也。末章。

篤公劉

次章「于胥斯原」，豳之舊邑聚也。曰「既庶既繁」，其居人舊已繁庶矣。曰「既順乃宣，而無咏歎」者，居之者安，故無愁歎也。三章則于舊聚之旁更得連岡大原而謀遷，蓋曰「逝彼百泉，瞻彼溥原」，則非前所相之原明矣。曰「迺陟南岡」，則非前所陟之巘明矣。曰「乃覯于京」，則非舊聚之丘明矣。「于時處處」，暫止其地也。「于時廬旅」，寄寓而謀遷，即卒章所謂「于豳斯館」也。「于時言言，于時語語」，商度經理所宜也。四章言定居于京，成宮室而享廟立宗。五章言疆理井畝，定軍制，立稅法。卒章復總前章而言之。其次第如此。

順者，其民從教；宣者，地勢爽塏，民氣無所壅遏也。次章。

民居宮廟既定，而復京其岡，何也？蓋地邑民居，必參相得，此營度於野外耕桑之地也。欲疆井畝，必先正其方。相其陰陽向背，觀其水泉輸委，然後可以辨樹藝之所宜、溝澮之所湊。末章總叙始終，曰「止基乃理」，謂先定邑屋而後經田野也。○李光地曰：西方負山，少見夕陽，則居人苦寒，故又度其有夕陽者以定民居[一]，起下章作室之事也。五章。

卷阿

後六章俱以得賢爲義。老臣之輔幼主，其所慮者深矣。人君偶親燕游，則群小思導以荒樂，久之將喜側媚、惡正人，必使與有道之士居，乃能樂而無荒。前四章雖極言壽考福禄之盛，以廣王心而歆動之。然首章述陳戒之因，次章至四章皆曰「俾爾彌爾性」，則隱然有懼於不終之

[一]「民」，李光地詩所卷六作「人」。

戒矣。曰「似先公遒」，則知負荷之難。曰「百神爾主」，則知監觀之赫。曰「純嘏爾常」，則知凝命承休，貴于有終，亦履上九「視履考祥，其旋元吉」之義。周公作無逸，曰「繼自今，嗣王則其無淫于觀、于逸、于游、于畋」，又曰「無皇曰今日耽樂，乃非民攸訓，非天攸若」。二公之用心，凡爲大臣者所宜永監也。

宛丘之詩曰：「洵有情兮，而無望兮。」蓋習於燕游，則易喪威儀而損聞望；思及于四方爲綱，則知慎德隅以收聞望，而燕游慆心之樂，不戒而自止矣。六章。

藹藹，所以形容吉士之氣象，猶所謂藹如也。○以吉士而媚于天子，則無側媚之患。七章。

承君之命而思媚于庶人，則必能輔其君以欲從人矣。八章。

「鳳凰鳴矣，于彼高岡」，污亂之朝則賢者不處也。「梧桐生矣，于彼朝陽」，賢士之生所以陶冶而成之，亦在君之德教也。國語曰：「夫周，高山、廣川、大藪矣，故能生之良材。而幽王蕩以爲魁陵、糞壤、溝瀆。」亦此義也。九章。

民勞

民勞不能康，中國不能惠，四方不能綏，則王亦不能定矣。而致此者，則詭隨與寇虐之小人也。人非無良，未有能昧其本心而詭隨者，其初不過務爲容悦，而終將無所不至。君德以敗，國勢以傾，醜厲甚矣。然小人每善於繾綣，使人君始則墮其術而不知，終則樂其便而難舍。初之不謹，必至于縱而不可制矣。寇虐之人，不知天命之可畏，以爲民憂，恣其姦慝，以敗正道。其勢一成，正道盡爲之反矣。故遏之尤不可以不早也。爲王所親信，而不能謹詭隨，遏寇虐，以爲王休，是自棄其勞也。然善惡各以類聚，不能近有德，則志昏欲蔽，必漸溺于詭隨、寇虐之小人，而不自覺矣。綏四方，爲民逑，定我王，所任之弘大如此，而以小人當之，不早自戒，何以無負于王之尊用乎？

蘇氏謂詭隨者，將悦其君以竊其權而爲寇虐，誠亦有之。然小人之心，大率有二：其詭隨者，專務容悦，以便其身，而不顧國家之患，是爲柔惡；其寇虐者，天資殘忍，以殃民仇正爲得志，是爲剛惡。若詭隨以竊權，而寇虐以殃民仇正，則奸人之雄，禍世尤劇，察之尤不可以不早，遏之尤不可以不力也。○李鍾僑曰：詭隨之人，工于譏諂，每竊威柄于上；寇虐之人，長于擊斷，每恣掊克于下。二者若聲勢相倚，則詭隨者爲腹心，寇虐者爲爪牙。若易地而處，則詭隨者亦能作威，寇虐者亦或善媚。然性資不同，雖不善人之中，亦或有能有不能，故詩人分言之。首章。

小子不宜已有成勞，詩人欲其聽諫而改前行，故曰「無棄爾勞」，以善誘之。凡小人自結于君，趨承必謹，細故必親，以冒忠勤，謂之勞可也。集傳云「棄其前功」，似未安。次章。

式，用也。王以大任付之，則用之者弘大，難于負荷也。四章。

板

國語稱幽王棄高明昭顯而好讒慝暗昧，近頑童固窮。民勞及此篇，皆以小子之暗昧爲憂，必幽王時作也。厲王暴虐，榮公專利，二詩無一語及之，則非刺厲王明矣。作者故舊大臣也，不大諫于王，而諄諄爲小子道之，何也？幽王裂繒舉烽，以悦褒姒，則不可與明審矣。小子無知，若聞人怨天怒，一旦改悔，而勉從老成之言，則國事尚有救，王心亦或可回。且明言民之不康，天之方蹶、方懠，以規王之幸臣，則流于王聽可知。童昏不可任，乃天下之公言，視面折廷諍而更切矣。

上帝，謂王也。王棄老成善類而比頑嚚小童，盡反常道，不可斥言，故稱上帝，猶蕩所謂「疾威上帝，其命多辟」也。○「靡聖管管」，必一時不學無知之小子，以聖人之道爲迂拘而不足信，如原伯魯不說學，秦檜謂論語乃孔子立教之言，不得不然，未必能實實躬行是也。首章。

自古小人，私欲既得，則欣欣然，雖大難將及而不知。昏惰自便，則沓沓然，雖禍幾蹶動而不改。故再以「無然」警之。辭非辭令，即謀事之言也。小人爲謀不遠，而聽他人之言，又忌其不自己出，不能和衷以酌之，悦懌以受之，朝論不和，則無以酌乎事理之安，而民受其病。故必辭之輯、懌而後民乃洽、莫也。○人同此心，心同此理。所謀一于天理，則辭必輯，民必協和；所謀即乎人心，則辭必懌，民必安定。言之灌灌，聽之囂囂，道不同故也。王惟小子是信，此出話所以不然，爲猶所以不遠也。次章。

善人之益人國，以其言與謀也。言則不聽，謀則不從，尸位而已。民之呻吟，非無策以起之也，而莫敢揆度者，料不見用，且生忌嫉也。如此，則喪亂何所資以平，蒸民何由被其澤哉？○喪亂所資以挽救者，善人也。今載尸而莫敢葵，則蔑所資矣。五章。

牖所以通明，「天之牖民」，言天與人之相通也。「如壎如篪」，氣至則應也；「如璋如圭」，可執以爲信也。「如取如攜」，必得而無疑也。承上文，言天心雖甚疾怒，而與人事感通，亦甚易。衆人不知畏天，或憲憲而喜，或泄泄而怠，或囂囂而傲，或謔謔而戲，或蹻蹻而驕，或夸毗而諛，所謂多辟也。君人者，豈可更立辟以導之哉？故下二章繼言謹德敬天之事，言能修德以事天，則怒可回，難可已也。○人君修德以致福，「如取如攜」，其受益也。非天有心以益之，惟其能自取攜耳。六章。

遠猷不用，善人載尸，則無以爲藩矣。下民卒癉，殿屎莫葵，則無以爲垣矣。諸侯皆貳，王臣離居，則無以爲屏爲翰矣。内寵並后，宗子將傾，此詩必宜臼將廢時所作。是有城而自壞之也。幽王至是，爲獨夫矣。惟任頑童而棄善謀，故至于此。○李光地曰：藩、垣、屏、翰，皆爲城而設者，而君則城也。懷之以德，則四者皆安矣。若藩、垣、屏、翰之俱傾，城能無壞乎？當此時孑然獨立，豈不可畏也哉？七章。

前四章皆曲喻小人，望其悔心之萌也。而囂囂蹻蹻，既置若罔聞，故五章嘆善人之載尸，憂喪亂之蔑資。六章陳牖民之孔易，戒導民以立辟，猶冀王心之一悟焉。終則以人心盡離，天監可畏，俾王知必凶于爾國，小人知必害于爾家，其語益寬，而其義愈切矣。七章、八章。

朱子詩義補正卷之七

大雅[一]

蕩之什

蕩

此詩爲厲王而作無疑。毛、鄭以民勞、板爲刺厲王，因序列此詩之前耳。朱子言時代不可以篇什之次爲先後，觀此益信。

人性皆善，靡不有初也；而多自棄于邪慝，鮮克有終也。天命人以善，則皆欲錫之以福，靡不有初也；人自棄，天亦棄之，鮮克有終也。首章。

[一] 「大雅」，原本作「小雅」，據光緒本及詩經分類改。

循道之人，污邪之賊也，義類見用，則彊禦、掊克者必多懟之，而以流言入對，讒沮中傷。人君過聽，是招寇攘而内之也。三章。

彊禦、掊克者，爲國斂怨而反以爲德，由紂德之昏也。德不明，故前後、左右無一義類，而民怨以積，天命以傾也。四章。

德既不明，而又湎于酒，用燕喪威儀，是以與不義者日親，而義類日遠也。五章。

曰近喪，則非以事之小大言明矣。菀柳曰「無自瘵焉」，桑柔曰「靡國不泯」，蓋小大之邦或遭殘暴，或困征役，多近于喪亡，而亂政不改，故曰「人尚乎由行」，蓋並罪助王爲虐之柄臣也。六章。

謗詛興于中國，怨怒積于庶邦，延及鬼方，而終不悟者，以義類一空，而在位、在服者皆慆德也。

雖無老成人，使前後、左右少有義類，尚可循守先王之典型，而曾是莫聽，欲大命之無傾，得乎？七章。

抑

小序謂刺厲王，朱子發五義以辨其不然。但耄期之人，使人誦于側以自警，則當戒以倦勤，勉以克終，篇中無一語及此。反覆玩索，似武公家訓，所以示其子孫也。其曰「女雖湛樂從，弗念厥紹」，乃與始親政事者言，非與耄而將傳者言也。曰「彼童而角，實虹小子」，慮其童昏而爲無實之言所誑惑也。曰「於乎小子，未知臧否」，言其稚昧而不能分别淑慝也。曰「亦既抱子」，則非謂耄期之人可知矣。曰「誰夙知而莫成」，則望其早有所成，辭意顯然矣。朱子所以定爲武公自警者，以「辟爾爲德」似臣下警君之辭。然禮記「辟于其義」、「無事不辟廟門」，周官「辟法」、「辟藏」，皆訓開。韓子有言：「俍俍乎莫有開之使前者。」乃啓迪之義，言開爾爲德，乃俾爾臧、俾爾嘉也。又「亦聿既耄」，似武公自警，然言非一端，各有所當。「亦既抱子」承「耳提面命」而言，謂其子也。若曰：女借曰未有知識，亦既抱子而非甚幼矣。「亦聿既耄」，承「誨爾諄諄，聽我藐藐」而言，武公自謂也。若曰：借曰我未有知識，亦聿既耄，而更事多矣。三復詩辭，謂使人誦以自警，則郛廓而不切，陧杌而不安。以爲戒其子孫，則如聞其聲，如接其容，惜乎未得親承朱子而質其當否也。○首章曰「維德之隅」，次章曰「有覺德行」，三章曰「顛覆厥德」，八章曰「辟爾爲德」，九章曰「維德之基」，卒章曰「回遹其德」。威儀，德之隅也；謨猶，德之則也；言語，德之章也：三者乃德之實見于行者也。然德之謹持於己者，莫要于慎獨。不能自嚴于屋漏，則習儀以亟，爲猶不遠，出話不然，不可以言德矣。故七章探其本而言之。德之求益于人者，莫切於聽言。不能虚中以順約，則威儀之不類，出言之無章，謨猶之不臧，莫肯正告，而德日蔽矣。故八章、九章復發此義。後三章則反覆諄懇，以申戒也。○此詩屢以威儀爲言。蓋動容周旋中禮者，盛德之至；而威儀是力者，入德之門。外貌斯須不莊不敬，則慢易之心入之。其在後生小子執德未固者，尤爲存養持守之切務。記曰：「禮義之始，在于正容體，齊顔色。」周書顧命首曰：「思夫人自亂于威儀。」武公之意，亦猶是也。「靡哲不愚」者，自非成德，每患威儀不能中節。知及之，仁能守之，尚不能莊以涖之。故雖哲人，而氣質之偏，亦惟此威儀或有所戾也。首章。

大謨既定，而後出令，則不至于反悔。遠謀以時，而相告戒，則不至于愆忘。○大謨世可爲程，故當著爲定命；遠謀人所易忽，故當時相告戒。○牧伯之任，所以順四國者，德行爲本，謨猷次之，而終之以威儀者，如漢高撥亂反正，從諫如流，未嘗無訏謨遠猷，而不足以爲民則者，以不能敬慎威儀也。所以然者，以于德未嘗有覺也。○春秋傳：「詩曰：『有覺德行，四國順之。』夫子覺者也。」杜預注：「覺然正直。」然以知覺訓，亦可通。次章。

武公生當厲王虐亂之後，故隱然指爲鑒戒。「其在于今」，不敢斥言也。興，起也。起而迷亂于政，猶商書所謂「方興沈酗于酒」也。前四句皆言厲王失德召亂之事，後四句隱指爲戒。若曰：後王所以迷亂至此者，以安于湛樂，不知敷求先王之道故也。女尚可蹈其覆轍乎？明刑，明明之典刑也。不能敷求先王，故弗克共明刑，是謂弗念厥紹也。三章。

此章正與上章相應。「肆皇天弗尚」，與「其在于今」四句相應，言後王迷亂如此，故不爲皇天所尚，以致亂亡。末章所謂「取譬不遠，昊天不忒」，正謂此也。「如彼流泉」以下，與「女雖湛樂從」四句相應，言後王已致亂亡，女毋蹈其覆轍，淪胥以亡也。「夙興夜寐」，無皇曰今日耽樂也。「洒掃庭内」以下，正敷求先王克共明刑，以紹先業之實事也。是時荆楚已興于南方，有憑陵諸夏之勢，故豫戒之。其後終春秋之世，爲衛患者實楚，此之謂「訏謨遠猶」也。四章。

質與「質諸鬼神」同義。人君之行，本諸身，必徵諸庶民，故侯度不可以不謹也。五章。

嚴華谷曰：惠，順于群臣朋友。

不能慎獨，則德皆虛。然能慎獨，而知識或有所蔽，氣質或有所偏，非取諸人以自鏡，德無由進也。故承上章而言，凡啓迪爾以德者，乃俾爾臧嘉者也。若能聽用，則儀自不愆。謨猶言語，自不僭不賊而可爲民則矣，此情理之必然也。若小人之惑亂汝德者，如謂童而角，豈可信哉？○虹爲天地淫氣，倏有倏無，惑人視聽。童而角者，理所必無。言無實之言，乃邪人所以惑汝視聽，不可信也。八章。

輔氏謂此詩三以温柔爲言，至此又明言温柔爲進德之基。蓋人裁温柔，便消磨了客氣，此亂德之游言也。天性温柔者，必自勉於剛健，德乃可進。皋陶所謂柔而立，仲山甫柔嘉維則，皆以其中剛健也。此詩首曰「無不柔嘉」，以威儀言也。次曰「輯柔爾顔」，威儀顔色自宜以温柔爲善。此曰「温温恭人」[二]，則肅敬中剛德已具矣。朱子語類辨此甚明，可破人心癥結。○凡

[二]「恭」，原本作「其」，據抑原文改。

開以德而不從，惑于聽而受詛者，多剛愎自用。惟温恭乃能虚受，故立德必基于此。告之話言而不信者，多自以爲知，而不知乃天下之極愚也。惟樂取于人，以成其德，斯可謂之哲耳。九章。

「匪手攜之」，言示之事；「匪面命之」，言提其耳。雖曰使人誦以自警，以施于耄期之人，亦非所安。十章。

慎德則存，失德則亡，天命昭然，恐後人不克繼序，此心之所以靡樂也。「覆用爲虐」者，子孫于父、祖之教不能率，則反以爲難堪。其云「視爾夢夢，我心慘慘」者，正謂此也。十一章。

桑柔

此詩似作于共和之時，蓋厲王既流，而宣王尚未定也。自首章至十一章，皆述亂之所生而追悼之。自十二章至末章，則痛小人之餘黨尚熾，斯民之亂心未已而深憂之。首章言王迹之盛，一朝而熄，故憂之以至于病。次章言亂之初生，由征役不息，黎民受禍，國步因之以傾。三章推言王心無競，而小人實爲亂階。四章言亂離之際，鄉土之困，邊圉之急。五章、六章言用賢可以已亂，而王不能然，以至人人惴恐，賢者以食禄爲畏途，此亂之所以不救。七章言王已滅矣，而天災未息，民困未蘇，則憂猶未弭也。八章言賢君所以爲民所瞻仰者，以執心公平，任賢敬慎，而王皆反焉。好獨自用，民之狂謀，乃王使之然。九章、十章、十一章言當是時不獨王心專戾，而讒譖朋興，生其時者進退維谷，是以雖有明哲，早知亂本，非不正言以諫，而無如王之無所畏忌何。王于善良，則棄之而不問；于僉壬，則保護而恐傷。是以民不能堪而甘爲荼毒，此皆追叙所以致亂之由也。十二章以下，正言共和時事。蓋方是時，宣王幼弱，大臣共和王室，君子、小人共政，如召穆公、申伯之類，所謂良人也。其所爲皆用善道。如榮公餘黨，所謂不順也，所營依然垢污，因念貪人敗類，流禍無窮，小人餘黨，至今尚熾。告以話言，則如醉如迷；啓以良圖，則反逢其怒。民之所以貪亂而無極者，專由此輩涼德之人反覆掊克，不堪其命，是民之邪謀，實此輩用力助之使興也。乃民心之未戾，爲民不利之不可，未嘗無正告之者。彼亦自謂不可，而旋復反背，用爲詬詈。是其寇盜之心終不能懲，而憂終不可弭，所以倉兄呼天而歎不我矜者，蓋爲此耳。知此詩作于厲王流彘後者。七章曰「滅我立王」也，未死而曰滅者，流放待死，與滅同也。知宣王尚未定者，宣王有志，國人向化，不當復曰「民之罔極」、「民之未戾」矣。知「大風有隧」以下爲言共和時事者，厲王于君子，弗求弗迪，君子以稼穡代食爲安，尚安得有所作爲？惟共和之初，太子幼，政無所歸，故君子、小人得各行其志。若宣王有志以後，登用善良，政有所歸，則貪夫、忍人不復能爲寇盜以不利于民矣。且作詩者之于群小，或誦言而使之知，或陰規以求其改，終不能聽，則作歌以誚讓之，正爲庶僚共政，故敢以朋友責善之道相規。若厲王時，王心專戾，讒譖朋興，君子雖知亂本，亦緘默而不敢言。九章、十章之所陳是也。尚何暇與小人相規切哉？

古詩「憂來填心」，古賦「悲來填膺」，皆滿實之意。首章。「泯」，如春秋傳「王夷師熸」之「熸」，若存若滅之象也。「民靡有黎」，謂征役凶饑，所餘惟老弱也。秦取閭左，唐選中男，遭世衰殘，實有此事。「具禍以燼」，所以民靡有黎也。○步頻則蹙亂而易顛蹶，故以爲喻。次章。

國步之頻，必資善良以定之。而王惟任小人以階厲，天不能誘王之衷，是即天之不我扶助也。階厲爲梗者，貪人不順，忍心涼德是也。能序爵以別奸賢，而考慎其相，求迪俊良，則憂可弭而民可定矣。通篇大義，皆隱括于此。○君子，謂王也。以厲王之戾虐，猶原其本心之無競，所以深痛小人之長君、逢君而爲此禍也。此詩作于王已流彘、群族共政之時，故曰「至今爲梗」。三章。

民有肅心，猶秦紀所謂「黔首振恐」也。「荓」即「並」字之譌，謂人有懼心，皆言禍亂之興，拯之不及，不若隱身于農力也。六章。

贅，贅疣也。莊子以生爲附贅懸疣，其在人，不決則滋長，決之則害身。危亂之世，國家事勢，往往類此。王室喪亂，而列國亦皆傾危，畿甸毁饑，而天下亦皆荒祲，故無有旅力，以念天禍也。七章。

惠君秉心，欲宣布正道，故能考慎其相。彼不順者，則獨任私意，畀政權于其所臧之人，蓋小人也。李林甫云「吾不識天下何者爲善人，但與吾善者，則吾以爲善」，「自獨俾臧」之謂也。八章。

厲王之虐，召穆公、芮良夫皆預知有亂亡之禍，所謂「瞻言百里」也。而榮夷公輩尚以專利逢君爲得志，所謂「覆狂以喜」也。穆公、良夫皆嘗正言以諫，而王終不悛，所謂「匪言不能，胡斯畏忌」也。篇中聖人、良人謂召穆公輩，忍心、貪人、愚人謂榮夷公輩。厝火寢薪而自以爲安，其貪忍正所以爲愚耳。十章。

貪人得志，則中人以下不覺慕效，而正道沮喪，所謂敗類也。小人之朋盛，則雖有善言，亦不能入。「匪用其良」，謂善言不用也。貪人如醉，不用善言，轉使言者若有所悖。語曰：悖者之患，固以不悖者爲悖。○小人聞規者之言，則駕辭以相抵，所謂「聽言則對」也。十三章。

以寇盜貪愚之人而呼以朋友，何也？與共政事，與同安危，則分誼生焉。目以寇盜，以朋友之義責善也；發其貪愚，以朋友之心忠告也。十四章。

涼，涼德之人，即忍心、貪人是也。十五章。

我王既滅，而民心好禍，終未能定者，以小人餘黨尚爲寇盜也。前章云「誦言如醉」，又曰

「嗟爾朋友，予豈不知而作」，又曰「既之陰女」，則爲民不利之召亂，亦嘗正告之矣。乃小人面從而退回，詭曰不可，旋復反背，而以善者爲詬詈，其不可化誘如此。雖曰非予所能救正也，而既作爾歌，亦當以人之多言爲畏矣。末章。

雲漢

首章「靡神不舉」，虛言之以發其端也。次章乃備舉所用事，六章則追思歷年承祀之恭，而冀神怨恫也。始呼天而訴之，繼疑上帝之不臨而后稷之不克救，繼求助于群公、先正，斷望哀于父母、先祖，終則歸命于昊天上帝，而望其虞，求其惠。始言民之無辜，繼顧躬受其眚，繼痛民無孑遺而先祀將摧，繼懼大命將傾，靡瞻靡顧，而無所逃遁，終則言大僚庶正、左右親近，莫不同心以急民病，以格天心。人苟無棄其成，天或終惠以寧。言之序如此。

「則不我遺」，即承「靡有孑遺」而言，是天不留遺以予我也。三章。

「里」，疑與「靡届靡究」之「届」同義。周官量人職：量其市朝、州涂、軍社之所里。七章。

申伯受封，而並言甫，何也？甫侯建國于穆王之世，申伯之先，必其支屬，漸致通顯，至申伯則爲王宮伯而受大封，故不敢遺其本也。宣王時周未東遷，嵩高尚無中嶽之號。「維嶽降神」，本其上祖爲四岳而封域于嵩山爲近也。

申伯爲王元舅，則其祖必已任公卿之位矣，故曰「王纘之事」。○周官：小司徒頒比法于六鄉之大夫，使各登其鄉之衆寡、六畜、車輦，辨其物，以歲時入其數，以施政教，行徵令。此詩所謂「登是南邦」，蓋登其民物之數也。所謂「世執其功」，即世守其政教、徵令之常法也。周官注：「登，成也。成，猶定也。」蓋定其成式，然後其功可執。次章。

民功曰庸，立國以民功爲本，因謝人以興起民功，故繼以土田之徹，而下章始及城郭、宫廟之營作也。三章。

「往近王舅」，呼申伯而告以之國之期既近也，故下章承以「申伯信邁」、「謝于誠歸」。五章。「番番」，宜與秦誓「番番黄髮」同詁。申伯老成碩聽，才兼文武，可爲國中及南邦所式。末章曰揉萬邦、聞四國，則德劭而年尊明矣。○申、吕在楚之北、中國之南，楚與中國相通之道也。是時蠻荆逆命，故建置元舅以爲扞蔽，此申伯入謝，周邦所以咸喜也。詩人蓋不敢顯言之，其後楚益張，申、吕卒并焉，而以爲捍禦北方之邑。申公巫臣曰「若無申、吕，晉、鄭必至于漢」是也。七章。

烝民

首章自明所以作誦之意也。凡人之行，能應乎物，則即爲懿德，而民皆好之。況山甫乃天所篤生以保天子者乎？是以偶因事出，而心爲之懸懸也。山甫保王躬，式百辟。式古訓，力威儀，將命則王事諧，賦政則四方應。是於物之則無不盡，德之懿無不全者也。好之、愛之，豈己一人之私哉？首章。

令儀令色，而能補衮職，式百辟，折彊禦，所謂「柔嘉維則」也。小心，柔也；翼翼，則剛在其中矣。「天子是若」，山甫能格君心而使順於道，非妾婦之所爲順也。○柔嘉，周子所謂柔善也。柔嘉維則，故能不畏强禦。次章。

山甫出納王命，與虞廷之納言、周官大僕小臣之復逆異。冢宰之職，作大事，則贊王命；日眡朝，則贊聽治。凡王命之出納，皆得以道揆相語也。三章。

大臣王躬是保，必幾無微而不察，誠不言而自通，然後能補其闕。吉甫必實見山甫偶出而衮職有闕，自覺其不能補，轉思德之精微，惟山甫能舉，而己莫能助，故惟以遄歸爲望也。「愛莫助之」，謂德之舉惟其人之自强，他人雖愛之而莫能助耳。王安石乃曰「閔人士之少，而山甫之無助」，謬矣。宣王之世，見于經者，如尹吉甫、召穆公、方叔、申伯、程伯休父、張仲之類，皆碩德良材。成、康以後，于斯爲盛，而漫爲無稽之言，可乎？安石頗粗識古人爲學之樊籬，而于諸經，多遷其説，謬其旨以遂其私計。雖欲不與歆、莽同譏，不可得也。六章。

山甫所懷，不過衮職之有闕，王躬之是保，出納之惟允耳。吉甫自歎莫助，則所以助之者必多矣。故作詩以言志，而足以慰山甫之心也。叔向見司馬侯之子，撫而泣之曰：「自此其父之死也，吾蔑與比而事君矣。」小明之詩人遭時之艱，則念恭人而涕零。吉甫與山甫得行其志，則探永懷而作歌。古人之忠于君而信于友，可興可觀也。末章。

韓奕

顯父之餞，蓋本王命，故稱侯氏。三章。

言車馬之盛而曰「不顯其光」，則當爲「丕」可知矣。四章。

前三章言入覲，四章、五章言親迎，公事畢，然後及其私也。卒章復言其世職與王之新命，蓋于其歸而申明職守以董之。○李鍾僑曰：宣王中興，使召穆公城謝，申伯居之以鎮南方，仲山甫城齊以鎮東夏，惟北方無勳舊可屬。韓爲武穆，其城乃昔日燕師所完，堅固憑險，百蠻世服焉，故特寄以方伯之任。○曰「以先祖受命，因時百蠻」，然後曰「王錫韓侯，其追其貊，奄受北國，因以其伯」。是韓之始封，立國于百蠻之中，因使長之，未嘗爲方伯也。追、貊則宣王所錫，既奄受北國，則百蠻、追、貊、城池、畝籍、職貢，皆責之方伯，故曰「朕命不易」。以邊荒之國，易動而難服，皆使帖然來庭，措注實不易也。○春秋，晉人執戎蠻子赤，歸于楚。史記，燕北迫蠻貊。則北方亦有蠻。禹貢以導河治梁及岐，故見于冀州，實雍州山也。韓近西域，及受追、貊，然後東夷、北狄咸屬焉，故曰「奄受北國」。○宣王南城謝，東城齊，而韓侯奄受北國，首命以「實墉實壑」，蓋大邦者，王朝之屏翰，小國之帡幪，非有高城深池，不足以外威蠻貊，内懾奸宄，所謂精神折衝，此其大者。豈惟宣王懲不庭方而謹此。周初封建，宋、陳、蔡、鄧在南，齊、魯在東，韓、魏、晉在北，而營洛邑，邇東夏以控三方。其後徐、楚、秦、吴迭興，卒賴此數國支拄其間，以延衰周之祚。蓋形勢之强與德義相輔，然後可以威懷，雖聖人不能廢也。北國莫强于晉，而以方伯命韓，何也？晉于是時君臣相圖，仍世内亂，安能遠略乎？末章。

江漢

宣王節政之初，中興之譽翕然。其後不藉千畝，料民太原，而謗議興，則令聞不能終矣。敗績于姜氏之戎，則不能矢文德以洽四國，武黷而不振之明驗也。詩人頌不忘規，其慮遠矣。末章。

常武

李光地曰：畿内公卿視外諸侯，故得立太祖之廟。首章。

周官之法，大司馬巡陳眂事而賞罰，不爲六軍之帥。冢宰作大事，則戒百官，贊王命。皇父蓋以冢宰而兼大師者，故親以整六師命之。程伯休父，司馬也，故使尹氏策命之。朱子以尹氏爲内史，是也。三事，六軍之帥也。尚書周官：「三事暨大夫。」則三事，六卿也。軍帥必六卿。「省此徐土」以上，命休父之辭也。「不留不處」，紀出軍在途之事也。六軍之將既得其人，則師出以律，無一事不得其次序矣。次章。

李光地曰：師既至而克捷，遂屯其地，以待歸命也。○又曰：宣王南北征伐，未嘗自將。徐自穆王以來，僭號稱王，在西周時罪浮于吴、楚，非偏師之所能服，故王親視師。抑此詩繼江漢之後，豈淮南諸夷亦爲徐黨援，而先命召虎南征，以翦其羽翼與？四章。

曰「四方既平，徐方來庭」，則征徐在玁狁、蠻荆之後明矣。蓋使南北未寧，則玁狁密邇于豐、鎬，荆楚偪介于武關，聞王東征，根本内虚，必啓窺伺覬覦之心，而徐方亦不可遽服。吉甫既挫狄于北，方叔又申威于南，召虎之師循江、漢而下，則楚人益懾于王靈而無異心，然後親統六師，濯征徐國，正所謂「王猶允塞」也。四章曰「鋪敦淮濆，仍執醜虜」，則是六師既布，厚集其陣，而徐已不支，故就而執其醜虜。五章但言王旅之盛强，則征徐未嘗窮戰，比勝而徐已來庭也。末章。

瞻卬

首章「邦靡有定」，次章前四句言與奪之無定也，後四句言刑罰之無定也。士民之瘵，無大于此者，皆小人爲之蟊賊，陷以罪罟耳。蟊賊象其貪土田、民人之攘奪是也，罪罟喻其枉有罪、無罪之顛倒是也。而王所以信用小人，則由婦寺巧言，變亂是非，以蔽王心。是大厲雖天所降，乃哲婦爲之階耳。首章至三章。

「靡有夷届」，蟊賊之貪心不能平，而無所底也；「靡有夷瘳」，罪罟之毒惡不能平，而無由愈也。首章。

「譖始竟背」，則其欺罔之罪豈曰不極乎？而如王之不以爲惡何？即召旻所謂「皋皋訿訿」，曾不知其玷也。賈者索賈三倍，則君子識其虚僞。今婦人舍蠶織而與公事，奈何不察其欺罔哉？蓋深病王之迷惑也。四章。

春秋：内殺大夫曰刺。周官：三刺三宥。刺者，察其罪而附以刑也。郊特牲：富也者，福也。言天何以刺爾之罪，神何以不降爾福？以爾舍婦寺之介狄，而反與衆正相忌也。五章。

論語「罔之生也幸而免」，蓋物反其常之謂。凡災異、逆亂之類，皆是幾，謂禍變將及也。○「人之云亡」，或遭廢黜，或自引退，如下篇所云是也。曰「維今之人，不尚有舊」，則非盡死亡可知矣。六章。

召旻

李光地曰：二章推亂原于小人也，三章推亂原于王也。

苴棲水上，無有根著，猶國亂民無依，將一旦而流亡也。正與「無不潰止」義相發。四章。

今謂今王也。不惟昔王膺受天福者不如是，即今王初政之疚惡，亦不至如此之甚。所以然者，皋皋訿訿而不知其玷，是以小人爲嘉蔬也。兢兢業業而位孔貶，是以善類爲秕稗也。用此君子亦悼心改圖，謂與其待讒謗而位貶，胡不早自退乎？職此之由，乃各懷倉兄而引去也。五章。

天降饑饉，王澤又不下流，猶池竭之自頻也。政歸昏椓，由王本無親賢之心，猶泉竭之自中也。是以生民之害益溥，而賢者之倉兄弘多，惟恐烖及其躬而引退愈決耳。六章。

曰「維今之人，不尚有舊」，即遭讒而位貶、懼烖而引去者是也。民勞及板，幽王始近暗昧頑童，老臣憂國，猶冀以苦言感發其本心。此二詩則小人安于昏椓，婦寺恣其忮慝，天篤降喪，民卒流亡，善人云亡，疆宇日蹙，而王終不悛，惟呼天呼祖，坐待亂亡之踵至而已。末章。

朱子詩義補正卷之八

周頌

李光地曰：頌者，祭祀之樂歌。天地至大，不可形容，故郊祀明堂，惟言配者之功德，餘則自宗廟之祭及之，而以助祭之詩附焉。

清廟之什

清廟

舊說：此周公既成洛邑而朝諸侯，率之以祀文王之樂歌。蓋以四時祫祭，皆於太廟，無獨祀文王之禮。然武王革殷之後，洛邑未作之前，不宜竟無祀文王之樂歌。尚書武成，王來自商，至于豐，則邦甸、侯、衛，駿奔走，執豆籩，尚在五廟中之稷廟。及武王遷鎬，乃立天子之七廟，而周公于是時特起大義，立廟于豐，獨祀文王。成王作洛，至于豐而發命，則豐廟作于遷鎬之初可知。凡爵命，公、侯、卿大夫皆于豐廟。康王命畢公保釐東郊，則步自周，至于豐。江漢之詩，召虎錫命，告于文人是也。蓋祫祭先公、先王于后稷之廟，王率諸侯以致孝享，宜也。爵命當世之公、侯、卿大夫，而臨以上古之侯、伯，則義有未安。鎬京雖有文王之廟，然后稷及先公、先王皆式臨焉，而獨受命於文王之廟，非文王之心之所安也。郊祀后稷而別立明堂，以宗祀文王，亦此義也。然則「載見辟王」，何以有獨祀武王之詩？曰：此其事與文王異，是乃成王免喪，初遇吉祭，奉武王之主以入王季之廟而特祀焉。儀禮所稱吉猶未配，謂此也。蓋事應祧之祖之終，不可缺一時祭，故必祫于太廟，奉祧主以藏夾室，然後特祀新主於所入之廟。文王，侯伯也。吉祭於廟，不宜有樂歌。成、康以降，後王皆有吉祭，而不爲樂歌。古人事君親，要于誠信，不敢溢言虛美以滋天下後世之口實也。○或謂武成「丁未，祀于周廟，邦甸、侯、衛，駿奔走，執豆籩」，天子諸侯之出，歸告于祖禰之正禮也。「越三日庚戌，柴望，大告武成」，告至于前所告者之正禮，玆則以大告武成，特舉柴望耳。「既生魄，庶邦冢君暨百工受命于周」，邦君、百工前此所受，乃殷之爵命，故更受命于周。古者爵命必于祭，安知非斯時祀于文王之廟而作此樂歌也？曰：方是時，先公、先王之樂歌未作，不宜先薦文王之詩。五廟之舊制未更，不宜首舉清廟爲義。且朱子既據賈疏所推日曆，而升「既生魄」三語于「丁未」之前，則未知孰爲定論也。又或據戴記「天子犆礿，祫禘祫嘗祫烝」，謂時祭亦有犆。不知以禘爲時祭，乃漢儒約春秋所書魯禘，傅會而爲之説，前儒之辨明矣。即夏、殷之世，禮文質略，分祭群廟亦甚難。伊尹已云「七世之廟」，加三宗則十廟矣。至周禮，則前期卜日卜尸，散齊七日，致齊三日，日祭一廟。祭之明日，繹而賓尸，就令齊期統於一。自致齊以至終事，兼旬中無一日之閒，人力則實不能勝，國事則一切廢置，加以天地、社稷、山川、百神之事，六服群辟，朝聘會同之政，日不暇給矣。用此知時祭必無犆，而凡祀文王之樂歌，皆始作豐廟時所薦也。○傳稱奏清廟之詩，曾見文王者，愀然如復見文王焉。「肅雝顯相」，多三分有二之邦君；「濟濟多士」，多從君之卿大夫士。凡此，皆曾見文王者。秉文之德，不獨亂臣十人及凡周之士也。此必尸賓初入，灌鬯焫蕭歌以降神之樂，故首言文王之德之顯，及武王之能承。維天乃推闡文王之德之合于天道者，是受天命，得民心，立典法，爲後王後賢儀式之根源也。此皇尸致嘏時歌之以答神貺者，故曰何以恤我，我當思所以受之，惟大順文王之道，則不惟主祭者受恤，而延及曾孫，皆爲在天之靈所篤厚矣。維清則利成送神之歌，故原始要終而言之，惟文王清明在躬，緝熙無間，以垂此典刑，故自文王既歿，肇禋以後，君臣上下兢兢守之，訖用有成，以集大業，皆由文王之德允發其祥，正與清廟之詩「不顯不承」相應。雝亦專祀文王之詩，蓋迎牲、射牲時所薦。殷祭之禮文，非此不備也。○奔走執事之人，必能秉文之德，始可對越在天，況主祭者乎？使後王仰瞻榱桷，俯視几筵，而身心不覺肅然矣。文王之德不顯，後嗣能丕承之，始能合萬國之歡心，以祀先王，所謂「無射于人」者此也。

維天之命

文王非私其子孫也，能順文王之道，斯能秉文王之德，以合乎天命而流慶無窮耳。

維清

惟文王清明在躬，而能緝熙，是以所遺之典法，後王、後賢帥而行之，亦可以清明緝熙。故自肇禋以後，子孫世守而有成功，皆蒙文王之嘉祉也。

烈文

古者于祭之日賜爵禄，示不敢專，分土建邦，未有不于祖廟者，告于文人，錫山土田是也。此大封告廟之樂歌，故首呼「辟公」以命戒之，而終以「前王不忘」，猶覲禮王有命錫，必先呼伯父。蓋謂汝所以受茲民社，皆前王錫以祉福，必能順我無疆，然後子孫可保。但不違王命，苟或封靡于爾邦，即幸免于征伐黜讓，而亦非王之所崇也。當時念王朝所命職貢業事，乃汝所當致之功，然後繼序者可益張其職，至于訓四方，刑百辟，則非德業光著不足以稱此，故首言烈文，終舉顯德以勗之，俾不忘前王之德，而永思其終也。○後儒或易朱子之説，謂辟公乃太王以上之先公。初若可喜，而以文義按之，與「封靡于爾邦」、「維王其崇之」、「嗚呼前王不忘」終覺不類。古人修辭，必立其誠，況子孫之于先祖乎？周自不窋失官，自竄于戎、狄之間，即世不失德，而式微荒略，無事迹可紀，使漫構虛辭轉戾于盡慤盡誠，致其恍惚以交于神明之義。故上祀先公，以天子之禮，不爲樂歌。三后追王，見于頌者，惟大王、文王，而王季之勤王家，僅與公劉荒豳、姒任嗣音同見雅歌，頌無列焉。孟子曰：由湯至于武丁，賢聖之君六七作，而不列于頌。義與此同。高圉著于典祀，而雅歌亦無列，于此見聖人事親以誠，言不過物也。周官：大司樂奏夷則，歌小吕，舞大濩，以祀先妣而不歌；思齊祀先祖，則舞大武而奏無射，歌夾鐘，不用頌。文、武之詩，正用天子之禮而無樂歌之明據也。○戎，汝也。功，謂諸侯所禀承之法度職事，即載見篇「曰求厥章」之「章」。

天作

此當爲追王時告廟之樂歌。太王遷岐，以基王迹，而下及「文王康之」。以王季之勤王家，能纘太王之緒，以啓文王，而無事迹可紀，故舉前後以包其中，而大王、王季受獻時歌之。朱子集傳專主祀大王，以篇中不及王季，而文王則别有頌也。後儒或以爲此文王祔祭于大王之詩，昊天有成命爲成王祔祭于文王之詩，執競爲康王祔祭于武王之詩。但于武王獨無祔祭于王季之詩，更無説以處之。且牧野甲子以前，武王乃殷之侯伯，不得爲先君樂歌。又祔祭在喪期内，雖天子亦不宜用樂。蓋天作及雝，皆武王既有天下後所作，以薦于祫祭者。昊天、執競，則成、康喪期已畢，再舉吉祭時所薦耳。〇言天作高山，大王荒之，而彼作矣，文王康之，而彼徂矣，岐有夷之行，子孫當永保之也。其後周室東遷，自岐以西以賜嬴秦，而易姓之禍兆焉，可慨也夫！

大雅「涼彼武王」，或疑大王、文王不應稱彼，誤矣。

昊天有成命

李光地曰：此成王祔祭于武王之詩。

我將

右，謂上帝式臨而如在壇之右也。冀天之右而不敢必其享，畏天之威而惟恐不能保，所以使後王承祀，夙夜以天命自度，而不敢荒寧也。〇儀，謂修于身者，式，謂施于政者，刑，謂禮度之範圍子孫、臣庶者，三者能恪守文王之典，然後能靖四方。曰「日靖」者，一日不能用典，則不能保四方之靖矣。〇「儀式刑文王之典，日靖四方」，似可信天心之克享矣。而猶夙夜畏天之威，懼其莫保，俾嗣王知承祖事天之難，無日不惕也。

時邁

天既全付所覆于天子，則不獨王畿之内，凡四海萬國，有一君一長不式王度，匹夫匹婦必有不得其所者。時巡必親，蓋大懼代天子民之職未盡，而無以克享天心也。故曰「昊天其子之」。〇自五帝、三王以來，皆以上世有元德顯功之諸侯進居天位，而次及于周，乃天實右序之也。天位非一姓所私，必能輯和神人，乃可信其爲天下君。繼世之君所患者，威稜不振，以至諸侯放恣，生民重困，故時邁其邦，所以震之，若不能使之震疊，則恩禮不足以懷，而干戈轉不能戢。周之末造是也。然必黜陟嚴明，衆賢布列，干戈始可常戢，此又所以震之之本也。苟王政不綱，如穆王周行天下，而徐桀于東，戎畔于西，何足以震哉？懿德，美德之士也。若訓善道，則先王立綱陳紀，肆于時夏者備矣，無俟于更求也。古者天子使王官監于方伯之國，而諸侯之卿皆命于王朝，所以綱紀四方，有條而不紊。「我求懿德，肆于時夏，允王保之」，蓋謂此也。○周爲天所右序，故不敢不式序有邦。必式序昭明，然後群侯懾服，知允王爲后，必求懿德，肆于時夏，然後王允爲后，而有邦者之子孫亦得常任其封守，是王有以永保之也。○在位，謂方岳之牧伯、群侯也。黜陟明昭，各得其序，然後諸侯執道，兵革不用。

執競

李光地曰：此康王祔祭于武王之詩，言成、康者，前祔祭成王于文王，而稱二后。蓋祔祖則亦告于考。文、武功德相等，成、康功德亦相等也。○「上帝是皇」，上帝實昌大之也。○易曰：「知臨，大君之宜。」禮曰：「聰明睿知，足以有臨。」明者君德之要，而繼世尤難。蓋物情、事理皆所未諳，稍有不察，則萬幾億醜處之必不能當，而無以照臨四方矣。斤斤其明，此成、康所以能奄有四方也。

思文

「立」當如字。蓋烝民阻饑，則教化不得施，而無以立人之道。自后稷播種，民人率育，彝常之道乃得偏陳，是所以立烝民之命而使各保其極者，皆后稷之功也。虞書「蒸民乃粒，萬邦作乂」，義亦如此。春秋傳亦作「立」，杜注：「先王立其衆民，無不得中正。」

臣工之什

臣工

此王將耕籍，祼鬯饗醴于社稷之樂歌也。籍禮，王使司徒咸戒公卿、百吏、庶民，故篇首統戒臣工以「敬爾在公」也。成法既釐，而曰「來咨來茹」者，先時九日，太史告稷，稷以告王，命司事戒農用，先時三日，瞽告協風至，王即齊宮，百官御事，所謂「來咨」也；川澤有變遷，防溝有改易，户口有息耗，合耦有轉移，必取法于農正，所謂「來茹」也。始耕之樂歌，即偏及新畬來牟，以迄銍艾者，耕籍之後稷偏戒百姓，紀農協功。庶官九徇，王親大徇，耨穫亦如之。則春祈秋報，凡以田功而有事于社稷，可通用也。○周公既成六典，訓迪庶官，以農事尤重，故特起「嗟嗟保介」之文，不可以辭之繁而蔽以戒農官也。曰「王釐爾成」，前此治岐之政雖善而未備，至此一代之成法始定也。然成法雖立，尚有臨事而宜咨者，或歷歲時而宜小變，故又命以咨度，周官「每歲正月和而布之」者是也。○惟祭祀之詩，始列于頌。記曰「命降于社，謂之效地；降于祖廟，謂之仁義」。豈始頒六典與耕籍同時，王親發命于祖廟而作此詩，其後遂用之于祈年、耕籍、雩祀與？○古者春省耕而補不足，周官旅師職，掌聚野之耡粟、屋粟、閒粟而用之，以質劑致民，平頒其興積，民之所缺皆求于官，而多少緩急，其分必均，賑賜賒貸，其情各異。雖有成法而猶勤咨度者，以此。○來牟雖將穫，而秋成尚未可卜也，故復祈于上帝。

噫嘻

此命農官遍戒庶民，而不及庶官，即籍禮稷遍戒百姓紀農協功之事也。一歲田功作始于此，故特爲樂歌，籍終奏之。至省耕省穫，則載芟、良耜及豳雅具之，周官籥章之所掌也。

振鷺

人臣助祭廟中，不宜特爲樂歌，尊二王之後，故于其獻尸時歌此，以示異敬，與商頌那曰「我有嘉客」，有瞽亦曰「我客戾止」，蓋不敢待以臣禮，厚之至也。

豐年

周官外宗職，王后以樂羞齍，則贊。莫重于粢盛犧牲，故皆特爲樂歌以薦之。

有瞽

序謂始作樂而合乎祖之詩，蓋以爲那之比也。然殷人尚聲，臭味未成，滌蕩其聲，故始以樂迎神而後祭。周人尚臭，灌鬯焫蕭，以求于陰陽，未聞作樂而合乎祖也。祭于鎬，后稷爲大廟，首歌思文；祭于豐，則升歌清廟；祭于洛亦然，和之以瑟，堂上之樂也。此則下管時所奏，清廟爲升歌，則思文、載見俱歌于堂上，下管之奏，則凡祭同之。○儀禮大射：升歌畢，太師、少師、上工皆降立于鼓北，乃管鼓北庭中也。瞽降立于庭，故知此下管時所奏。商人尚聲，祭之始，作樂以求神，故那之篇備舉孝孫之思成、嘉客之夷懌、執事之恪恭，其禮重，故其義深。周重升歌，至下管則但言樂器之備、樂聲之諧，其事輕，故其義淺也。○禮器「縣鼓在西，應鼓在東」，則縣亦鼓名。

潛

魚潛在淵，不必易爲「槮」。

雝

周禮，贊牲薦俎，職列五官，諸侯助祭，納其方物，牲非所薦也。蓋言薦此大牲之時，有群侯以相我肆祀。此皆皇考之德之大，有以安我孝子耳。○舊説據論語，謂此徹祭所歌，三家僭亂，孔子譏之，無以見周之舊典爲然。按此詩事義，乃享右正祭時所奏，不宜用于徹。且祫祭徹于太廟，而獨舉文考、文母，義必不然。況客出以雍，徹以振羽，明見戴記乎？朱子斷以武王祭文王之詩，是也。但有清廟之三而别作此詩，用之何地？經傳無考，疑武王特建文王之廟于豐，故作清廟三篇以爲樂歌，分三節奏之。其後洛邑建文、武二廟，獻文王亦用之。祫祭于太廟，獻后稷即用郊祀之思文，獻大王、王季則歌天作，獻文王則歌雍，獻武王則歌載見，獻成王則歌昊天有成命，獻康王則歌執競。自載見及執競，則皆三年之喪畢，嗣王再舉吉祭時所薦也。〇古者遷廟後始遇吉祭，尚不忍以先妣配。吉祭再舉，始設同几，祝辭曰：以某妃某氏配。故並言文母，以見雖不設女尸無獻酢，而先妣之靈實式憑之。〇士祭禮，徹與賓出同時。大夫禮，或儐尸，或否。皆賓出而後徹，等而上之，宜皆然。故歌振羽以送賓，因爲徹俎之節。

載見

此成王免喪，始吉祭于武王之廟之樂歌也。喪三年不祭，亦不命賜諸侯，故諸侯應命賜者，咸會時事以求法度，故曰載見。所謂辟王者，嗣王也。古者命諸侯必于祭，故因祭而率之以見昭考，而致孝享焉。以介眉壽，永保天命，助祭者所祝願于王也。「思皇多祜」以下，王願與諸侯同其福也。言思昭考降福既大且多，則烈文辟公亦當綏以多福，俾緝熙于純嘏也。欲俾以多福，必先俾以緝熙。凡能自昭明德以篤多祜者，皆天啓其衷也。其有昏德而自棄其命者，乃天奪之鑒也。先王在天之靈，于子孫、世臣，理亦宜然。○非緝熙不能純嘏，故曰「俾緝熙于純嘏」。

有客

此微子始封，受命于周，周人重其名德，于其歸也，又特告于祖廟以遣之，而作是詩。故詩中無一語涉助祭，而篇終特揭其大指，言殷命遏終，天于淫者既降以疾威，則象賢而承統者，必降以安平之福矣。○「萋兮斐兮」，注：文貌。則「有萋有且」，亦文貌也。「敦琢」亦當與「追琢其章」同義。○大雅：商之孫子，其麗不億。侯于周服，裸將于京。用爲朝會之樂，以明順天命而感人心之實也。微子大賢，以先祀之重，不得已而臣周，故振鷺、有客二詩無一語及助祭，懼暗傷賢者之心，厚之至也。

武

李光地曰：此與舞相應之詩，當在升歌、下管之外。且凡宗廟之祭皆用之，非如他樂章各有其所也。○先言武之烈，而後推本于文王，大武之樂章，體當然也。文王遏密伐崇，征獵狁，服西戎，武功最盛。而大武六成，惟象北出伐商以後之事。此詩曰「允文文王，克開厥後」，乃周公深探三分有二，以服事殷之心，以明文王之武功，皆受命專征，率方伯之職，爲殷屏翰，而非自立武節，以啓疆宇也。

閔予小子之什

訪落

李光地曰：落者，成就止宿之意。言問予所歸宿，惟在率循昭考之道。然其道甚遠，行者莫能至也。將以爲能就之矣。繼猶覺其判涣而不合也，況遭家多難，所賴者昭考在天之靈，繼續而上下于庭，陟降于家，有以保護而開明之。顧命「誕保文、武大訓[一]，無敢昏逾」，成王之保明其身者如此。○上篇言昭考之孝思，則言念皇祖之陟降，永世不忘。此篇自言其志，則願昭考之靈，上下于庭，陟降于家，以保明其身。下篇思天命之不易，畏其陟降日監，而每事自省察，

[一]「誕保」，尚書顧命作「嗣守」。

所以檢身愈嚴密矣，非徒保其身之爲貴，而明其身之爲貴。此所以爲聖賢之學也。○天有顯道，大命難保。己方沖幼無知，雖不敢不敬務學，以求積漸而有明。至于綜理萬事，以承天監，則實賴師保舊臣輔弼而力任之，示我德行之顯著者，使有所遵循耳。洛誥「惟公明德，光于上下，勤施于四方，旁作穆穆迓衡，不迷文、武勤教，予沖子夙夜毖祀」，意亦類此。○「艾」，如太甲之「自怨自艾」，兼「治」與「懲」二義。言昭考之道悠遠，己尚未能自懲治，雖欲就之，自知難合，惟冀皇考之靈時保護而牖其衷，庶幾能濟多難耳。

小毖

以上四詩，高深微密，恐非成王幼年所及，必周公代作，用以答周人之望，而又使日誦以自警也。

載芟

周官：「籥章逆暑迎寒，吹豳詩，以七月一篇，四時之事皆備也；祈年于田祖，吹豳雅以樂田畯，與信南山、大田、甫田所稱，正相應也；國祭蜡，吹豳頌以息老物，與載芟、良耜之所稱正相應也。祈報之説，當以此爲定。楚茨乃祭先祖之詩，雖同爲豳雅，不宜用以祈年，猶逆暑迎寒，惟七月一篇可用，而統言豳詩耳。○「驛驛其達」，次第而抽萌也。

良耜

栗栗，謂既穫而束爲秉，則縮栗不紛也。比謂秉積既多，則屯于場而密實也。○此二篇所言農事之外，祭祀、賓客、養老，事甚質略，不惟無天子之制，亦未備諸侯之禮。必公劉荒豳，始疆田里、立宫室時所作也。故用以祭蜡、息老物，以篇中所言禮事，士庶人皆可通用耳。

絲衣

篇中所稱，按以祭祀之節，無時可用。祭之前日，省牲視濯，有司或即事焉，而無用歌樂之理。祭之日，薦牲者五官之正，與師獻尸者二王之後，牧伯之長，而詩言「絲衣」、「載弁」，則以饗耆老無疑也。序謂繹而儐尸，則所用乃正祭之餘。朱子言祭而飲酒，則天子諸侯廟祭，惟尸賓有獻酢，旅酬之禮必舉于繹祭，皆不宜重舉。「自羊徂牛」，若特具牢禮以賓燕，則不宜列于頌。

小雅燕樂嘉賓者是也。

李光地曰：蜡祭，吹豳頌以息老物，于是國亦養老焉。此則養老之詩也。

酌

前六句皆言武王之事，遵養時晦。諸侯皆曰紂可伐，而遲之十有三年也。必不得已而用大介，則酌于時義者審矣。用此寵受天命，而成蹻蹻之功，所謂「無競惟烈」也。後王嗣有武事，亦惟武王是師耳。蓋兵以行險而毒民，非聖人不能酌之至當也。○古人于父多稱公，「爾公」即謂武王。漢高帝曰「而公自行耳」，可證。

桓

自文王壽考作人，濟濟多士，疏附、先後、奔奏、禦侮，各有其人。至武王而十人戡亂，周、召分陝，小大之臣，莫非忠良，中外之治，有如臂指。所謂「保有厥士，于以四方，克定厥家」者此也。時邁亦曰「我求懿德，肆于時夏」，後儒以詩稱「桓桓」，遂謂所保者虎賁熊羆之士，「于以四方」爲用諸侯之力，固矣。萬邦之綏，豐年之屢，乃武王之德，能致天之純佑，而良士之景從，四方之無虞，天室之永定，皆敬勝義勝，自强不息，以成無競之烈。故曰「桓桓」，與大武之首章義正相承，故以是終焉。

賚

天生民而立之君，本以求民之定耳。文王既克勤民，則我周應受天命，爾衆敷同以是繹思之，則知我之徂征，惟以求民之定，而天以是命周，更無可推諉也。末又歎息而使之繹思，其義意與多士、多方相表裏。篇中絶無賚及大封之義，疑必始革殷命，散財發粟，興滅繼絶時，誥諭曾及此，故以爲大武之樂章，而名之曰賚。説經者又推論而以爲大賚耳。○凡特用于祭祀之樂歌，揭篇首一字、二字、一句以名篇，惟武、酌、桓、賚、般，別立詩名，蓋大武之樂章也。故春秋傳于作頌之外，別言作武。武舞六成，樂宜六章，今僅具其五。以孔子語賓牟賈之次推之，武與酌宜始而北出，再成而伐商時歌之；般與賚則布新政，巡四方，正三成而南，四成而南國是疆之事；桓則以天屢降康，克定厥家，歸功于武王。傳以爲六章，無可疑者。其曰「保有厥士」，則五成而分周公左，召公右，義亦可包。所缺一章，則無考矣。武爲首章，而傳曰卒章者，「耆定爾功」，乃首章之卒句耳。

此篇義與多士、多方相表裹，言文王既勤一世，以盡心于民，故天以定民之責付我周，而不敢不受。爾衆敷同以是繹思之，則知我東征以綏士女。今又徂南，惟求民之定耳。是天以定民命周，更無可推諉，爾宜重思之。篇中絶無賚與大封之義，而詩以賚名，序謂大封功臣。意者散財發粟、興滅繼絶時，以此播諸誥誓，而後因定爲樂章，故以傳如此。

般

般與賚乃同時而舉之事。蓋武王克商之後，嘗舉時巡之典，故詩稱陟山涉河，樂象南國是疆，辭事正相應也。史記載武王南望三塗，北望嶽鄙，顧詹有河，粤詹雒、伊，毋遠天室，定周居于雒邑而後去，正時巡而歸之事。其徵九牧之君，登豳阜以望商邑，至于周不寐，乃異時之事。而司馬遷連序，若一事然，指不分明，覽者習而不察耳。○時巡必周四嶽，故曰「敷天之下，裒時之對」。而孔子答賓牟賈，但云「南國是疆」，何也？西北乃殷、周舊都，國之封植，民之井邑，無所用疆理。南方僻在夷徼，山澤阻深，法度多未行。故宣王中興，召虎南征，復言「于疆于理」，則周初可知。

魯頌

朱子謂成王賜伯禽以天子禮樂，魯于是乎有頌，以爲廟樂。其後又自作詩以美其君，亦謂之頌。尚恐未安。果伯禽時有頌以爲廟樂，魯人當世守之，不應易象、春秋具存，而反失其廟祭之樂章也。伯禽時樂、頌具存，孔子不應删其祖宗廟祭之樂，而獨存後代稱美其君之詩也。成王賜伯禽以天子禮樂，周、秦以前，赫然暴見之書，未有及此者。明堂位乃劉歆所僞作，以爲王莽受九錫、踐阼、臨群臣之證者，不足徵信。惟記有「魯人將有事于上帝，必先有事于頖宮」之文。春秋傳子服景伯曰：「魯將以十月上辛有事上帝、先王。」然謂魯有是祭，而未嘗言其爲前王之所賜也。又荀偃、士匄曰：「魯有禘樂，賓祭用之。」兼用于賓，則爲後世僭瀆不經之制明矣，而謂成王有是賜哉？且晉人嘗自言未禘祀，未聞晉亦受是賜也。祝鮀言魯之命賜詳矣，而無一語及于天子之禮樂，惟備物典策，若有可疑。然惟上公始得備極人臣服物。魯侯爵而備物，故以爲曠典而榮之。杜預之釋曰，備賜威儀之物，及史官書策之典，則固無可疑也。且其策命之文，首曰大輅、大旂、金輅，以封同姓。交龍之旂，諸侯所建，則明堂位所謂用天子禮樂，兼四代服器之妄，不攻而自破矣。彼蓋因閟宫之詩言「皇皇后帝，皇祖后稷」，而因爲孟春祀帝于郊，配以后稷之説。因詩言「白牡騂剛」，兼用二代之牲，而爲四代服器官魯皆用之之説。又見春秋書禘書郊，以爲魯所應有之祭，而爲世世祀周公以天子之禮樂之説。不知春秋乃因事而書，以志其僭。若合禮則書有事、大事，而不舉祭名矣。竊嘗考閟宫之詩作于僖公，而春秋書禘，首見于閔元年，嗣見于僖八年。方是時，齊桓創伯，諸侯始强，桓公首僭百燎，管仲位在陪臣，而用邦君之禮，是以諸侯效之。僖公嘗從齊桓攘淮夷，伐荆楚，于是自喜其功，而僭用天子禮樂，作頌以張大之。閔元年，吉禘于莊公，蓋賊臣慶父之所爲。然禘者，祭其祖之所自出，而以其祖配之。今用于新死者之寢，則所用不過禘之樂歌禮文，而尚未正其名義也。至僖公禘于太廟，則真用天子之禮矣。不然，隱、桓、莊三世，豈無卜禘、卜郊不從可因事以書者，而直至閔、僖以後，始見于經哉？乃明堂位之誣因閟宫之詩，及春秋所書郊禘附會而成，而成王之未嘗賜，伯禽之未嘗用，可即以詩與春秋正之。詩曰「乃命魯公，俾侯于東，錫之山川，土田附庸」，則未嘗賜以天子之禮樂明矣。繼之曰「周公之孫，莊公之子」，然後備言承祀之事，則僭用天子之禮樂，自僖公始顯然矣。假令成王賜而伯禽受，則「錫之山川，土田附庸」之下，當直接「龍旂承祀」至「戎狄是膺」，始明著其爲僖公之事，其文乃順，何以大書「周公之孫，莊公之子」于「龍旂承祀」之前哉？蓋詩人承時君之命以作頌，而惟恐後世轉誣爲先君，故别白之如此，而讀者乃未察耳。合以春秋所書，則僭禮肇自僖公，無可疑者。孔子曰：「魯之郊禘，非禮也，周公其衰矣。」謂以周公之聖而子孫僭逆如此，周公之業，自是而衰也。魯至閔、僖間，君臣、父子、夫婦、兄弟之倫大壞，無復周公典禮，孔子不忍斥言，故因郊禘以發之而歎其衰。若伯禽時，周公之業方盛，無緣歎其衰也。後之儒者以孔子之言爲定可矣。程、朱二子，皆以成王之賜、伯禽之受爲非，而未察其本無是事，故補正之。○程、朱所以未易舊説者，以史記魯世家亦載成王有命耳。劉歆既僞作明堂位以爲莽事之徵，安有不增竄魯世家以相證者？今觀魯世家篇中所載周公事，詞議皆蒙混支贅，與莽傳中所載誥諭如出一手，與史遷之文絶不相類。且風雷之感，明著于尚書，而魯世家乃云周公卒後，成王始發金縢，命魯作文王廟，得用天子禮樂。公孫禄數歆之罪，所云顛倒五經，使學士疑惑，此尤其顯著者也。

駉

周公戒成王曰：「其克詰爾戎兵，以陟禹迹。」召公戒康王亦曰：「張皇六師，無壞我高祖寡命。」蓋繼世之君，苟無武德，則治教將有壅。況時至春秋，王政不綱，齊、楚、晉、秦方馳逐于中原，次國以下，非整軍經武，不足以立國。故頌者以是爲壯猷而首揭之也。「思無疆」，言其志之大，閟宫所云「復周公之宇」、「至于海邦」、「莫不率從」是也。「思無期」、「思無斁」，言其慮之深，泮水所云「式固爾猶」、「懷我好音」是也。「思無邪」，謂牧馬攻車，用以保疆禦侮，非妄意侵伐，或漫作禽荒也。

臧，謂德性之馴調也，才，謂材力之壯敏也。作，與周官「虞衡作山澤之材」同義。養蓄盛昌，攻治閑習，皆所以作之也。徂者，駕而有攸往也。無疆者，思之廣也。無期者，思之遠也。無斁者，思之久而不怠也。無邪者，思之閑而有則也。祭祀而登車，當致其誠敬，以與神明交，不待言矣。軍旅則思貪忿之致凶，蒐田則思荒樂之敗政，皆思之矩則也。故于馬之行駕言之。

有駜

上篇言君心之遠大，此言臣職之脩明。雖自保疆圉，亦必君臣各勤其事，乃克無虞。魯自僖公以後，内難外侮相仍，以君臣皆不能自振也。

泮水

「無小無大」，非謂即事于泮宮之群臣也。蓋國子之舞勺、舞象者，學于虎門，掌于諸子者，選俊之升于學者，非語于郊而取賢斂才，及春入學合舞，秋頒學合聲，不入于國學，惟君視學，則無少長皆至，故曰「從公于邁」耳。首章。

「其音昭昭」，謂魯侯戾止，不獨車馬之盛，其敬教勸學之聲昭昭然，爲臣庶所瞻仰也。國君視學，必考群士德行、道藝，進其有成者而嘉予之，故曰「載色載笑」。必簡其不帥教者而懲戒之，故曰「匪怒伊教」。二章。

「在泮飲酒」，謂養老也。養老或饗或燕，君親視學，所用必燕禮。時魯侯方壯，故受燕賜者不以壽耇爲祝，而願天錫公以難老也。軍禮受成于學，必有道有德而更事多者，乃就與定謀。「順彼長道，屈此群醜」，或即憲老乞言所得，或因養老而美君能式固其猶也。群醜，謂淮夷、徐戎、南夷之類。三章。

此因魯侯之視學而推言其平日之敬德慎儀，可爲民則而紹先烈也。四章。

此時尚未有獻馘獻囚之事，以淮夷、徐戎自伯禽以來，世爲魯患，特因軍禮受成于學，而願君有是功耳。五章。

五章、六章似果有事于淮夷者，或以齊桓會咸、會淮，魯曾與焉而張大其事。然曰「式固爾猶，淮夷卒獲」，則非果能挫淮夷之鋒而制其命可知矣。七章。

此欲以文德感淮夷而使之自悟也。「來獻其琛」以下，亦祝願之辭。以齊桓之盛，再會而不能定，魯侯安能使之屈服至此。末章。

覆舉黍、稷，别出稻、秬，何也？有郃之國，惟宜四種，及爲農官，九土所宜，百穀皆播，于下地舉稻，于異種舉秬，所以包其餘。首章。

頌于文王，曰「既勤」，曰「克開」，厥後禁暴戡亂，無一語及之。于武王，曰「無競爲烈」，曰「勝殷遏劉」，革命之事不敢顯言也。此與湯之有慚德同，乃周公體文、武事不得已，而自視缺然之心，懼遺後世以口實也。太王時殷德未衰，崎嶇戎狄之間，史克乃以「實始翦商」之誣辭爲頌。世教之衰，人心之蔽，作者之鄙倍，皆于是見之矣。〇「敦商之旅」，謂厚集伐商之衆也。〇翦商之説，朱子謂其子孫分明如此説，但此乃史克之辭耳。克于文、宣之際，目擊仲遂行父之大逆，而無董狐、南史之節，且稱行父之功，以擬于舜，則其言豈足據哉？次章。

閟宫

詩傳稱僖公八年，魯始用郊禘。史克賦閟，則前此魯無僭祀無疑也。但經書不郊，猶三望，則郊與望已前見之辭。詩傳明著八年史克賦閟，而至僖三十有一年，始見于春秋，何也？閔之禘既以吉祭書，故郊亦因四卜不從而書，臣子之辭，婉而成章，傳所謂主人習其讀而問其傳，則未知已之有罪焉是也。禘始于閔，而傳謂僖公始用郊禘，蓋以閔幼，乃賊臣慶父所爲，至僖而後躬即事焉耳。魯頌四篇，駉及有駜義法無愆；泮水雖有誇辭，而附于頌禱，尚無大瑕；

惟閟宫辭繁而複，事多失寔，意生獻諛，又以翦商上誣太王，而孔子不删，豈以僖公僭祀之實，後宜有考，與諸國風貞淫並存，以垂法戒之義同與？○吕覽：魯惠公使宰讓請郊廟之禮于天子，王使史角往，惠公止之，其後在魯，墨子學焉。劉氏敞謂王使史角往止之。是本未許魯用郊禘，議甚正，而與吕覽文義不合。疑古用竹簡，惟王朝所頒諸侯、卿大夫、士應用之禮樂，各以其等肄習之，故諸侯之禮，孟子即未之學。周禮在魯，惟郊禘乃天子之事守，故魯無其籍。惠公之請，蓋求得禮籍而肄習之，與易象、春秋同藏于魯太史，俾四方諸侯于魯考禮，以爲榮觀耳，非自請用之也。晉文有誅子帶、定襄王之大勳，請隧而王不許。桓王恥王綱之不振，常思自奮，肯許魯以用天子之禮樂乎？王使史角往，蓋賜以禮籍而使講明之〔二〕。魯侯止之，留與肄習也。吕覽引此，見孔子學于史聃，墨子學于史角，以角久留魯故耳。使魯請用郊禘，而天子許之，則賜以禮籍而使用之可矣，何用使史角往魯，亦何事久留角哉？此亦魯僭郊禘，非有王命之徵也。

三章。

〔二〕「籍」，原本作「藉」，據上下文改。

商頌

那

思成者，結于心目而如，見其形容，即所祭之祖妣也。周禮：陰厭後，尸始入室，主人拜妥尸，謂安之也。綏與妥義同。殷人尚聲，樂之奏，所以求神降而安之。○樂作時，嘉客聞聲而夷懌，助祭者執事而恪恭，惟孝孫則耳若無聞，目若無見，穆然深思，專致其僾見愾聞、愛存愨著之寔心，以交于神明，所謂「穆穆厥聲」者，穆穆于五音繁會之中，以合漠也。以孝孫追養，而曰于赫者，以擬其嚴恭幽默之氣，即下篇所謂「奏假無言」也。○「亦不夷懌」，「不」亦當作「丕」。先民包自湯以後歷世君臣而言，謂其皆能温恭以執祀事，而次及于主祭之後王也。

烈祖

觀此詩，則知祭祀之禮，至周而後備。曰「既載清酤」，則五齊、三酒、築鬱、合鬯之制尚未興也；曰「亦有和羹」，則告毛、薦血、燔膋、腥俎之節尚未具也。殷人尚質，以人道事神，牲既孰而後薦，則清酒必酋久澄清，色味並美。大雅、周官、戴記所謂清酒也。群儒乃謂一宿而成謂之酤，不亦異乎？○賚，與也，猶所謂烝畀祖妣也。諸儒曲爲之説，指不分明。以毛氏詁賚爲賜，謂祖妣不可言賜，故朱子獨以與詁。那以樂降神，故曰綏。此薦酤與羹，故曰賚。○舊説那祀湯，此祀中宗，無以見其然。故朱子不從。二篇辭事各殊，一則未祭之先所以降神，一則正祭之時所以獻薦也。那言嘉賓之夷懌，執事之恪恭，孝孫之穆穆，冀神之來格也。此言酤羹之載羞，孝孫之奏假，執事之齊一，顯相之威儀，皆正祭時實事也。中間「綏我眉壽」，嘏辭也。「豐年穰穰」，亦嘏辭也。少牢：致嘏者再，尸嘏主人，稱宜稼于田，眉壽萬年。上蓋嘏曰：胡壽建保國家。蓋身之福莫切于壽考，家國之福莫大于豐年。故凡嘏辭，必以是二者。

玄鳥

篇次先後，乃編者誤倒。按以辭事，則長發遠述有娀、玄王、相土，以至于湯及伊尹，必沃丁、太庚時所作，用以祫祭之樂歌也。其後殷屢衰屢興，至武丁復朝諸侯，有天下，故其子孫更作祫祭之樂歌，兼美自湯以後之賢君。湯以前之基緒，已見於長發矣，故玄鳥斷自湯始，而曰

「商之先后，受命不殆」，以包太甲、太戊、祖乙、盤庚諸君。又曰「武丁孫子，武王靡不勝」，以包祖甲。不敢目其人者，有所目，則多所遺臣子之辭，宜渾括也。孟子稱賢聖之君六七作，則史記尚有不能詳者矣。○「方命厥后」，承上文「帝命武湯」而言，謂天不獨命湯，方命其後世奄有九有也。○武王謂湯，非子孫襲湯號者。蓋承上文，言商之先后歷世相傳，至武丁子孫，無不能負荷湯之基緒也。○叙契之始生而備陳敷土疆國，幅員廣大。言方是時五服初定，以禹迹所敷之遠，見布教畢達之難，語非贅設也。○嚴氏粲以子孫承祀，不宜自夸武德，破朱子之説，非也。此祫祭樂歌，并包武丁以下諸君，故曰「武王靡不勝」。又曰殷受命咸宜，非承祀者自譽，何嫌之有？○長發、玄鳥，皆祫祭之詩，而作之有先後。武丁以前，惟歌長發；武丁以後，則獻契及湯，歌長發，繼歌玄鳥，不分大祫、時祫。以契爲太祖，湯爲始王之祖，世世不祧也。殷武則作于高宗廟成時，至祫祭受獻，亦宜特歌。

長發

相土侯國，雖强大，豈能致海外有截？蓋契爲司徒。受命敷教，而小大之邦莫不通達，惟契能以身先之故，其應甚速。至相土嗣其世職，聲教益烈，至于海外，莫不截然秉其法式也。

次章。

「帝命不違」，言歷世相承，無違天命者，猶傳所謂自幕至于瞽瞍，無違命也。三章。

軍事尚武，而以敬行之，聖人體用皆見如此。六章。

仲虺之誥曰：「肇我邦于有夏，若苗之有莠，若粟之有秕，小大戰戰，罔不懼于非辜，有震且業。」蓋謂此也。謂之中葉者，在湯爲初年，自契以來，則爲中葉也。「降予卿士」，孟子所謂「學焉而後臣之」也。末章。

殷武

史記稱祖庚時祖己嘉武丁之德，立其廟曰高宗，此其樂歌也。觀此可知殷三宗不在七廟之内，周文、武世室亦然。

荆楚之地，川谷盤互，山林深阻，群蠻離居，各保其險，故必入其阻、致其衆，然後能盡平之。首章。

禹平水土，烝民乃粒。天命多辟，以爲民也。能勤稼穡，歲述所職，則予曷爲重加禍謫，如荆楚之撻伐哉？天之降監甚嚴，予爲天吏，賞不敢僭，刑不敢濫，兢兢業業，不敢自暇自逸，所以申命于汝下國者，惟欲其遠于禍謫，而大建其福耳。三章、四章。

壽考，言高宗享國之久長也。寧，謂四方寧謐也。非聲靈赫濯〔一〕，則無以求寧，而後生亦不可保矣。而聲靈赫濯之本，又在不僭不濫，不敢怠遑。詩人所稱，其義密微如此。五章。

〔一〕「非」，原本漫漶，據光緒本補。

附録

光緒本朱子詩義補正序

往者陳荔秋比部以詩解就商，援據該博，頗多發明，獨信竹書紀年太過，而不用小序，亦不甚主朱子之説。余嘗爲之折衷序、傳，反覆是正。蓋以序説出自國史，遠有承傳，而析理之精無過朱子，二者可互參而不可偏廢也。日者桐城蕭君敬孚自皖來，出示手抄方望溪先生朱子詩義補正八卷，爲其門人單作哲編次，其中國風一篇，邶、鄘至曹、檜十二變風一篇，王風一篇，皆是書宏綱大旨。餘則章解句釋，亦間及名物、訓詁。大意承用朱子之説而不甚取小序，蓋自鄭樵迄於元、明，説詩者之流派大抵然也。然於集傳義有未安，亦不曲從。如關雎謂后妃自作，狡童不主淫女之辭，揚之水不以「兄弟」爲昏媾之稱，白華之什於南陔、白華、華黍、由庚、崇丘、由儀不主有聲無辭之説，天作謂當爲追王時告廟之樂歌。而小序有必不可易者，遵大路、風雨、采薇諸篇亦間取之。先生詩義雖云尊朱，然義理者，天下古今人心所同具之義理，而非一人之義理，集傳義誠得矣，而小序亦未必盡失也，此先生所作補正之微意也歟？

大廷經術疏謭，然覼解文義，實自方先生啓之。其治詩義所見，亦與方先生合，不可使此書無傳也。亟商之南海馮竹儒觀察，刊版以行，使學者得是書而沈潛反覆，又於空曲交會中推尋詩人言外之意，則其有補於詩教，豈淺解哉？

光緒二年歲次丙子孟夏月沅陵吴大廷謹序。

重刊朱子詩義補正跋

桐城方侍郎經術文章久著宇内，其所撰抗希堂十六種，焌光時喜讀之。然嘗考其説經之作，春秋、三禮之外，尚有讀易偶筆、讀尚書偶筆、朱子詩義補正三書。間嘗詢之皖中人士，且有未聞其名目者。丙子夏，偶與桐城蕭敬孚談及諸先達説經諸篇，敬孚因出手抄侍郎朱子詩義補正八卷，案牘之餘，數加玩讀，其義至精，高出近世説詩諸家之上，朱子可作，亦必爲之心折也。敬孚云此書侍郎脱稿後爲其門人高密單作哲所刊，當日印本無多，流傳未廣。咸豐初，桐城戴孝廉子苓聞之，曾以單氏所刊此書囑爲重刊，戴君以貸金不足，未獲從事。旋遭寇難，書亦散佚，而同縣徐氏藏有此書，嘗假手抄，以示同人。十餘年來，迄未有能繼戴、徐二君之事者。焌光深幸得睹是編，又嘉敬孚留心文獻，不憚雪抄露纂，爰捐俸重刊，與侍郎所行十六種並傳。惜其所撰讀易及尚書偶筆，今不盡見，俾得與此書同刊，不能無憾也。今將西邁，適此書刊成，桐雲方伯既爲序其大指，焌光因略記所由來，以諗同志之君子。

光緒三年歲次丁丑春三月南海馮焌光謹識。

周官辨

徐到穩　整理

整理説明

周官辨一卷，成於康熙五十二年（一七一三）。據蘇惇元撰望溪先生年譜，此年二月，方苞因李光地極力營救，始得赦免出獄；三月，以平民身份入南書房作康熙帝的文學侍從；八月，又移至養蒙齋編修樂律曆算諸書。徐元梦、顧琮等人時就方苞問周官中的疑義，方苞詳爲辨析。方苞撰周官辨，「浹月而成」。方苞在該書序中表達了自己對周公及程、張、朱三子的敬佩，認爲「蓋鄭氏以漢法及莽事詁周官，多失其本指，而莽與歆所竄入者實有數端」，於是「不得已而辨正焉」。

周官辨的撰寫應當還有更複雜的背景。四庫全書總目指出：「周禮一書，上自河間獻王，於諸經之中其出最晚，其真僞亦紛如，聚訟不可縷舉。」（四庫全書總目卷十九）筆者曾指出：對周禮的態度可大致分爲積極尊信派、消極尊信派和懷疑派三種。（詳見徐到穩論孫詒讓對「官聯」的詮釋）方苞認爲周官是周公致太平之書，具有權威性，反駁懷疑派，因此他屬於積極尊信派。但方苞在積極尊信派中比較特殊：他承認周禮有流傳中出現的問題，而且認爲這些問題不少，這又表明他受懷疑派影響很大。從全書來看，該書受到萬斯大周禮辨非影響直接而巨大，可以說主要與萬斯大周禮辨非商榷。

周官辨卷首有龔纓、顧琮、方苞的序各一篇。該書的正文部分是十篇論文：周官辨僞二篇與周官辨惑八篇，前者辨周官中被竄入的經文之僞，後者是辨漢以下對周官解釋和批評之惑。在周官辨僞一中，方苞指出周官「決不可信者實有數事焉」。在周官辨僞二中，方苞指出周官媒氏「仲春之月」以下三十七字爲衍文。在周官辨惑八篇中，方苞針對懷疑派的懷疑，重新詮釋了經文。在每篇論文之後，有不少人物（如李光地等）的評語，這些評語都是極高的。

與龔纓、顧琮、李光地等人對周官辨評價極高相反，後人的評價可謂極低。如姚範指出：「方氏篤好是經，往往推高聖人之旨，又或索之過深，而矯合以就其說，皆賢者之過也。然所爲周禮析義，遇其至者卓出於前儒之上。若爲以己意所欲芟薙之文，而故託於歆之妄竄，以杜夷斥經文之咎，則可謂蔽矣！欲辨世人之惑，而不知其惑之愈甚也！」（姚範復某公書）四庫館臣將方苞周官集注列爲四庫全書的正目，將周官辨列爲存目。他們給予周官集注較高評價時也順帶評價了周官辨：「苞別著周官辨十篇，指周官之文爲劉歆竄改以媚王莽，證以漢書莽傳事蹟，歷指某節某句爲歆所增。言之鑿鑿，如目睹其筆削者。自以爲學力既深，鑑別真僞，發千古之所未言。然明代金瑤先有是論，特苞更援引史事耳。持論太高，頗難依據，轉不及此書之謹嚴矣。」(四庫全書總目卷十九)四庫館臣在周官辨條目下僅僅指出:「就周禮中可疑者摘出數條,斷以己見,分别僞、辨惑二門。大旨以竄亂歸之劉歆,凡十篇。已録入所著望溪文集中。此其初出别行之本也。」(四庫全書總目卷二十三)四庫館臣的這兩處評語,幾乎等於判定周官辨的價值可以忽略。清代中後期的主流禮學家(如江永、戴震、程瑶田、黄以周、孫詒讓等),幾乎都不提周官辨。清經解及清經解續編没有採入方苞一部作品。周官辨被後代忽視是難以否定的,但值得注意的是,周官辨中探討的問題往往繼續被學者探討。如戴震詩摽有梅解一文,雖然没有提到方苞,但可以算對方苞周官辨僞二的一個回應。現代學者中顧頡剛較重視周官辨,將其整理並編入古籍考辨叢刊(第二集)中。他認爲其中不乏「精湛的見解」,但他也指出:「方苞所舉出的周官中幾節他所定的僞竄文字,從現在看來,理由實在不充足。」總之,周官辨的影響與價值,還值得進一步探討。

周官辨的清代版本有:雍正龔纓刻本、乾隆方觀承刻方望溪先生經説四種本(嘉慶時被收入桐城方氏抗希堂十六種)、道光貴州彭昭文堂刻本、光緒桐城方望溪先生全書活字印本。據乾隆七年顧琮序,雍正龔纓刻本是周官辨的初刻本,但当時已經流傳稀少(後來似已失傳)。道光貴州彭昭文堂刻本流傳稀少,今日貴州省圖書館尚存,整理者未見。乾隆方觀承刻方望溪先生經説四種本堪稱方苞生前定本,具有獨一無二的版本價值,故此次整理以此爲底本,並參考了顧頡剛的整理本。

整理者

二〇一八年二月

目録

周官辨原序

昔昌黎稱孟子功不在禹下，蓋拯人心之陷溺，實可與平成比烈。周官之蔽蝕千七百年矣！良由新莽、王安石並假託以禍世，故雖程、朱二子定爲周公致太平之書，非聖人不能作，而後儒仍嘖有煩言。望溪方子以閱漢書，見此經爲衆所瑕疵者皆與莽之亂政同符，乃辨其爲劉歆所增竄者凡十餘事，具得其徵辭而闢之豁如也。夫何休、歐陽修、胡宏、魏了翁輩心疑莽、歆所僞亂，而未能深究此經之本真；程、朱二子則灼見周公運用天理之實，而未嘗分別莽、歆所僞亂，故終不足以帖疑者之心。自望溪之説出，則群儒更無所開其喙，爲天下國家者可舉而措之而無疑矣！故吾謂望溪之功亦不在程、朱下。

北方之學者以余與望溪久，故多叩吾廬，索觀其書。乃謀梓總辨十章以先之，且寄語望溪：「宜早出其全書，與學者共之，安知不果有興於治教也？」

雍正三年孟夏，江右同學龔纓撰。

序

方子望溪中歲五經皆有述，而治周官、儀禮則在獄始開通。聖祖仁皇帝矜疑獄辭，五上五折本，凡覆奏行刑者即執纆索，俟于門外，而方子刪截注疏不輟。同繫者厭之，投其書于地，曰：「命在須臾，奈旁人訕笑何？」方子曰：「『朝聞道，夕死可矣！』」及出獄，未兼旬而聖祖特召入南書房，是秋移蒙養齋。徐公蝶園時叩周官疑義，方子詳爲辨析。遇館中後生，則爲講喪服。聞而持行者數人。余與河間王振聲謂筆之于書，然後可久。乃出其在獄所作喪禮或問，又爲周官辨，浹月而成。夫喪禮，誠意、正心、修身、齊家之本也；五官之法，修身、齊家、治國、平天下之要也。然先王立中制節，其所以然之義，傳記或未之能詳，而周官爲莽、歆所僞亂，自東漢以來，學者懷疑而不能決。自有二書，然後喪禮之所以然、五官之本然，與莽、歆所增竄，昭然若黑白之不待辨而分。傳曰：「述者之謂明。」方子之述可謂明矣！

龔君孝水曾刻周官辨于河北，劉君月三刻喪禮或問於浙東，以授其生徒。二君子没，流傳者益希。余惜其可以助流政教而行之不遠，又喪服「尊同則不降」及泉府「以國服爲之息」舊刻尚未辨正，故重校而録之，其序跋、評語則猶仍其舊云。

乾隆七年三月，混同顧琮序。

自序

凡人心之所同者，即天理也。然此理之在身心者，反之而皆同。至其伏藏於事物，則有聖人之所知而賢者弗能見者矣。

昔者周公，思兼三王，以施四代之政，蓋有日夜以思而苦其難合者。以公之聖而得之如此其艱，則宜非中智所及也。故周官晚出，群儒多疑其僞。至宋程、張二子及朱子繼興，然後知是書非聖人不能作。蓋惟三子之心幾乎與公爲一，故能究知是書之精藴，而得其運用天理之實也。然三子論其大綱，而未嘗條分縷析以辨其所惑，故學者於聖人運用天理廣大精密之實卒莫能窺，而幽隱之中猶若有所疑畏焉。蓋鄭氏以漢法及莽事詁周官，多失其本指，而莽與歆所竄入者實有數端。學者既無據以別其真僞，而反之於心，實有所難安，故其惑至於千數百年而終莫能解。苟非折以理之至是，而合其心之同然，則是經之蠹蝕終不可去。夫武成之書，周人開國之典册也。守在官府，傳布四方，不宜有謁，而孟子斷爲不可盡信，亦折之以理而已。余懼學者幸生三子之後，而於是經之義猶信疑交戰於胸中，是公之竭其心思以法後王者，將蔽晦以終古，故不得已而辨正焉。孟子曰：「能言拒楊、墨者，聖人之徒也。」以余之淺見寡聞，豈足以有明而志承乎？三子則知道者，或猶能察其心而不以爲妄也夫？

周官辨

周官辨僞一

凡疑周官爲僞作者，非道聽塗説而未嘗一用其心，即粗用其心而未能究乎事理之實者也。然其間決不可信者實有數事焉：周官九職貢物之外，别無所取於民，而載師職則曰近郊十一，遠郊二十而三，甸、稍、縣、都皆無過十二；市官所掌惟廛布與罰布，而廛人之斂布、緫布、質布别增其三；夏、秋二官敺疫，襘蠱，攻貍、蠹，去妖鳥，敺水蟲，所以除民害、安物生、肅禮事也，而以戈擊壙，以矢射神，以書方厭鳥，以牡橭、象齒殺神，則荒誕而不經。若是者，揆之於理則不宜，驗之於人心之同然則不順，而經有是文，何也？則莽與歆所竄入也。蓋莽誦六藝，以文姦言，而浚民之政，皆託於周官。其未篡也，既以公田口井布令，故既篡下書，不能遽變十一之説，而謂漢法名三十税一，實十税五，則其意居可知矣。故歆承其意而增竄閭師之文，以示周官之田賦本不止於十一也。莽立山澤六筦，榷酒鑄器，税衆物以窮工商，故歆增竄廛人之文，以示周官征布之目本如是其多也。莽好厭勝，妖妄愚誣，爲天下訕笑，故歆增竄方相、壺涿、硩族、庭氏之文，以示聖人之法固如是其多怪變也。

夫歆頌莽之功，既曰「發得周禮，以明因監」，因公孫禄數歆之罪，又曰「顛倒五經，使學士疑惑」，則此數事者乃莽與歆所竄入決矣。然猶幸數事之外五官具完，聖人製作之意昭如日星。其所僞託，按以經之本文，而白黑可辨也。古者公田爲居，井、竈、場、圃取具焉。國賦所出實八十畝，孟子及春秋傳所謂十一，乃總計公私田數以爲言。若周之賦法，不過歲入公田之穀，并無所謂十一之名也，又安從有二十而三與十二之道哉？閭師之法通乎天下，又安有近郊、遠郊、甸稍、縣都之别哉？載師職所以特舉國宅、園廛、漆林者，以田賦之外地征惟此三者耳。今去「近郊十一」至「無過十二」之文，而載師職固辭備而義完矣。周官之田賦更無可疑者矣。周之先世關市無征。及公制六典，商則門征其貨，賈則關市征其廛，蓋以有職則宜有貢，又懼所獲過贏，而民争逐末耳。肆長之斂總布，蓋總一肆買賒官物所入之布而斂之，非别有是征也。若質布，則本職無是；絘布，則通經無是也。今去絘布、質布、總布之文，而廛人職固辭備而義完矣。周官之市征，更無可疑者矣。方相氏之索室驅疫也，庭氏之射妖鳥也，硩蔟氏之覆妖鳥之巢也，乃聖人明於幽明之故而善除民惑也。害氣時作，妖鳥夜鳴，人之所忌，其氣餒足以召疾殃。故立爲經常之法，俾王官帥衆而驅之，引弓而射之，則民志定，其氣揚，而夭厲自息矣。夫疫可驅也，而「蒙熊皮，黄金四目」與莽之遣使「負鷩」、「持幢」何異乎？卜得吉兆，以安先王之體魄，而「入壙，戈擊四隅，以毆方良」，與莽之令「武士入高廟，拔劍四面提擊」何異乎？妖鳥之巢可覆也，而以方書日月星辰之號懸其巢；妖鳥之有形者可射也，不見其形而射其方，猶有説也；神之降，不以德承焉，不以其物享焉，而射之，可乎？水蟲之怪可敺也，而其神可殺乎？神無形而有死，神死而淵可爲陵，其誣燿天下，與莽之「鑄威斗」、「鐫銅人膺文」、「桃湯、赭鞭，鞭灑屋壁」，異事而同情。今於方相氏去「蒙熊皮，黄金四目」及「大喪」以下之文，於硩族氏去「以方書十日」以下之文，覆其巢，則鳥自去，無他事矣。以方書懸巢上，是不覆其巢也。與上文顯背。於壺涿氏去「若欲殺其神」以下之文，於庭氏去「若神也」以下之文，則四職固辭備而義完矣。其他更無可疑者矣。

凡世儒所疑於周官者，切究其義，皆聖人運用天理之實。惟此數事，揆以製作之意，顯然可辨其非真，而於莽事，則皆若爲之前轍而開其端兆，然則非歆之竄入而誰乎？昔程子出大學、中庸於戴記，數百年以來莫有異議。朱子斥詩小序，雖有妄者欲復開其喙，而信從者希矣。惜乎！是經之大體，二子斷爲非聖人不能作，而此數事未得爲二子所薙芟也。雖然，理者，天下之公也；心者，百世所同也。然則姑存吾説，以俟後之君子，其可哉！

義理詳明，證據確切，使胡文定父子見之，亦當遫然心服。李厚庵先生。

其説皆前古所未有，而按以經義，揆之事理，無一不即乎人心，此之謂言立。蔡梁村。

此真西山先生所謂能訂千古是非之文。山有崩頽，河有變遷，此案一定，終古不易。

李雨蒼。

周官辨僞二

媒氏：「仲春之月，大會男女〔一〕，奔者不禁。」或爲之説曰：是乃聖人之所以止佚淫而消鬥辯也。每見甿庶之家，嫠者改適，猜釁叢生，變詐百出，由是而成獄訟者十四三焉。豈若天子之吏以時會之，而聽其相從於有司之前，可以稱年材，使各得其分願哉？管子治齊，以掌媒合獨，猶師其意，則斯乃民治之所宜也審矣。嗚呼！管子生政散民流之後，而姑爲一切之法，是不可知。若成周之世，則安用此哉？自文王后妃之躬化遠蒸江漢，至周公作洛，道洽政行，民知秉禮而度義也久矣。又況周官之法：冠、昏之禮事，黨正教之；比户之女功，鄰長稽之。凡民之有邪惡者，雖未麗於法，而已「坐諸嘉石，役諸司空」，任諸州里，尚何怨曠、陰私、暴詐之敢作哉？管子合獨之政，乃取鰥寡而官配之，若會焉而聽其自奔，則雖亂國污吏能布此爲憲令乎？

〔一〕「大」，周禮原文作「令」。

蓋莽之法：私鑄者伍坐。没入爲官奴婢、傳詣鍾官者，以十萬數。至則易其夫婦，民人駭痛。故歆增竄媒氏之文，以示周公之法，官會男女而聽其相奔；則以罪没而易其夫婦，猶未爲已甚也。莽之母死，而不欲爲之服。歆與博士獻議：「周禮：王爲諸侯緦衰，弁而加環絰，同姓則麻，異姓則葛。」今周禮司服無「弁而加環絰」三語，則媒氏之文爲歆所增竄也決矣。按莽欲九錫，則增易左傳，謂周公「越九錫之檢」。莽欲稱假皇帝，則云書逸嘉禾篇「周公奉鬯立於阼階，延登，贊曰：假王莅政，勤和天下。」其僞構經文，皆歆爲之謀主也。又以文義覈之，於「奔者不禁」下，承以「無故而不用令者罰之」，則所謂「不用令」未知其何指也。既曰「大會男女」，又曰「司男女之無夫家者而會之」，重見贅設，失言之序。必削去「仲春之月」以下三十七字，然後媒氏之文與義皆完善。

嗚呼！聖人之法，所以循天理而達之也；聖人之經，所以傳天心而播之也。乃爲悖理逆天之語所混淆，至於千七百餘年而不可辨，則歆誠萬世之罪人也。余嘗病班史於莽之亂政姦言纖悉不遺，於義爲疏，於文爲贅。然周官之爲歆所僞亂者，乃賴班史而備得其徵。豈非聖人之經天心不欲其終晦，而既蝕復明，固有數存乎其間耶？

或曰：「歆於司服職轉不竄入三語，何也？」蓋他職所增，皆怪變不經，故必竄入，以惑人聽。司服職則本有「爲諸侯緦衰」及「其首服皆弁絰」之語，而「弁而加環絰，同姓則麻，異姓則葛」，乃禮家之常談，衆共知之。歆之姦心，以周官雖藏册府，而恐吏民或私有其書，故以莽之亂政竄入諸官，頒示天下。而於己所獻議、禮家之常談，轉不竄入。使人疑古書之傳有異同，以比於易、詩、書之文引用或有增損者。正所「謂顛倒五經，使學士疑惑」也。自記。

程、朱二子雖灼見周官非聖人不能作，而於莽、歆所增竄未嘗一一辨明，故六七百年世儒終懷疑而不決。得此二篇條分縷析，若辨淄、澠，周公之典乃昭然如日月之離薄蝕而顯光精。自程、朱以後開闡聖經之功，惟玆爲鉅矣。朱可亭。

陳清瀾作學蔀通辯，自謂若朱子在天之靈有以啓其衷，而使之白其誣於萬世。望溪此文，其周公在天之靈有以啓其衷，而使之白其誣於萬世耶？李雨蒼。

周官辨惑一

逢莽之惡，而假周官之法以浚民者，劉歆之罪也；重安石之誤，使襲迹於莽而不悟者，康成之過也。康成之訓「九賦」也，以爲口率出泉；其訓「門關」、「市政」也，以舉爲官沒其貨；國服爲之息，曰貸以泉息以泉。嗚呼！其亦不思之甚矣。以農言之，既用其力以治公田、給役事、貢布泉，復用其私田之入以具車輦、畜馬、牛備、兵器，而又計口以責其泉，其於民也，不已悉乎？

禁有小大，犯有輕重，罰有等差。乃漫不訾省，而於關則没之，於門則没之。既没其貨，而又罰其人。至貨賄六畜之遺於市者三日以爲期，過此則没於官而不可復請，不幾於讎斂而相攫乎？哀民之窮而貸之，而重責其息。責之而得，則民重困；責之而不得，則法必行，是以哀之者，罔之也。

夫口率出泉，漢法也，周官無是也。閭師掌國中四郊之賦，而曰「任農以耕事，貢九穀；任圃以樹事，貢草木；任工以飭材事，貢器物；任商以市事，貢貨賄；任牧以畜事，貢鳥獸；任嬪以女事，貢布泉；任衡以山事，貢其物；任虞以澤事，貢其物」，則農即以穀爲貢，餘七者即以所貢之物爲賦，而貢之外别無所謂賦明矣！泉府以市之征布斂不售貨之滯于民用者，則自市以外，别無泉布之征明矣。

没貨于官，漢之末造也，周官無是也。春秋傳曰：仲尼使舉是禮也，以爲多文辭。管子以時簡稽師馬牛之肥瘠，其老而死者皆舉之。凡曰「舉」者，登諸籍也。以没入爲義，古無是訓也。質人所稽者，書契；所考者，度量淳制。而曰「犯禁者舉而罰之」，則舉爲登諸籍而不可謂没其貨也決矣。康成于門關司市之舉皆曰「没其貨」，而質人則缺焉，是其不可通也。康成已自覺之矣，而猶欲以此蔽來者乎？

貸以泉、息以泉者，莽之亂政也，周官無是也。古者農各受田。工廩於官，而與農交易。山林、川澤官守之，而民以時入焉。養生送死之具，家自有之。其以祭祀、喪紀而有求於官，不過角、貝、金、錫、漆、絲、時物之類耳。然惟喪祭始聽其賒，則冠婚、賓客賒且不聽矣，況貸以泉乎？三代盛時，閭閻生養，本無所用泉。即上之賑凶饑、養老孤、恤艱阨，亦各以委積待，而不恃乎泉。惟大荒作布，乃以當菽粟，而使民自相糴耳。若以泉貸商賈而收其息，則王莽貸民以財，使置産業，而分其贏得之術也。自莽及安石而外，雖亂國晻世，不聞更用此以浚民造怨，而謂周公爲之乎？司市之職曰「以泉府同貨而斂賒」，則有斂有賒而絕無所謂貸，其義甚明。而泉府貸息之文爲劉歆所增竄決矣。不獨二鄭之説大悖，即後儒謂「服國事以爲息」，於理爲近，而實遠於事情。蓋民艱阨，則上隨時以賙，不宜聽其妄貸以自耗。若商賈，則能通泉布而不能服國事，且公旬三日用農民以服役事，已寬然有餘。外此別無所爲國事矣。

甚矣！治經者之不可以不聞道也。程、朱二子於禮之節文間有考之未詳、持之未當者；至于修身、治世之本原，則與古昔聖人精神相憑依，而無一事一言之不合。康成于三禮之學勤矣，其間名目、度數參互考證，亦可謂能竭其思慮者矣。而乃以亂世之事誣先王之經，以遺毒于後世。惜乎！朱子既發是經之覆，以爲周公運用天理爛熟之書，而於康成悖道賊經之説未嘗辭而闢之也。

以經傳正注家之誤，語皆山立。具此識力，始可以明道解惑。楊賓實。

春秋之末，鄭饑，子皮以子展之命餼國人粟户一鍾，猶賑而不貸也。方是時，宋亦饑，司城子罕請於君出公粟以貸，大夫盡貸司城氏。貸而不書，蓋示君、大夫不當言貸也。晉悼公謀息民，魏絳請自公以下，苟有積者盡出以貸。然謂之貸者，不過異時仍歸其本粟耳。觀傳所載，亦可知前此饑則餼之，艱則賙之，而絶無所謂貸矣。至戰國，齊孟嘗君收債於薛，馮煖謂不拊愛其民，因而賈利之，盡矯以賜貧民而燒其券。則子貸之法爲成周所必無，泉府之文實莽、歆所僞亂，昭昭然矣。蔡梁村。

以公心析理，絶無争氣。李剛主。

周官辨惑二

宋之禍，始於王安石厚斂以剥下，成於蔡京、童貫、王黼極情以奉上。其説皆託於周官，而京與貫、黼之姦言實啓於安石。嗚呼！康成亦與有責焉爾。

夫膳夫職之義非甚隱深而難辨也。記曰：「天子無故不殺牛。」又曰：「天子社稷皆太牢。」則群小祀不敢用也，而乃日以自奉乎？禮莫重於祭。朝事饋食之豆數不過八，而日共百二十品之羞、百二十甕之醬，物將安所置之乎？掌客致飧公豆四十，蓋致於其館，以待給賓從，猶致饔餼之醯醢百二十甕也。注疏以證王恒膳日用百二十品之羞、百二十罋之醬物，誤矣。詳見掌客職。蓋膳夫職所謂「王日一舉」，舉少牢也，醢人職「王舉則共醢六十罋」，醯人職「王舉則共醯物六十罋」，朔月月半，舉太牢也。醢以罋共，則以備旬有五日之用，而非一朝而罄之明矣。經所以不明著其孰爲少牢，孰爲太牢者，大司樂職曰「王大食三侑」，則日一舉之爲恒食不待言矣。醯醢百有二十罋，爲朔月月半之共，義亦見矣。若恒食日舉太牢，則大食何加焉？醢六十罋，醯物六十罋，果日日而共之，「王舉則共」之文，不亦贅乎？至於王后之膳服不會、飲酒不會、膳禽不會，以具於太宰羞服之式者，品數有常，無所用其會，非縱其欲而不爲之限度也。其義於世子之有會有不會見之。世子服不敢備，多少惟王命，而服會矣。飲無常期，疏數惟王命，而酒會矣。膳無加獻，有無惟王命，而禽會矣。惟朝夕恒膳品味有常，無所用其會者，與王后同耳。自康成於「王日一舉」辭不別白疏者，以爲日舉太牢共百二十罋之醯醢，而安石因之有備物之説。自康成以王、后、世子不會爲優尊者，安石張之，而京與貫、黼以速北宋之亡。

嗚呼！經義之不明，其禍遂至於斯極夫？然在鄭氏、賈氏特訓釋之疏耳。若安石，則心術隱微之病也。其言祁寒暑雨，民猶怨咨也，舍先王思圖民艱之義，而謂民怨不足恤。其創青苗法也，襲迹於新莽，而假周官「國服爲之息」以惑主聽而閉民言。安石之學雖於道未有聞，而於文則晰矣。顧遷其説謬其旨若此者，將以遂己所圖而自蓋耳。用此觀之，其説膳夫職也，安知非陰便人主之私，以售其術哉？

嗚呼！君子之用世非不欲其功之成也，而曰「明其道，不計其功」，蓋以少有計功之心，其末流必至違道以遂其私；雖幸而有功，而得不償失矣，又況毒民以禍世乎？此程、朱之教所以必起於心術隱微之際也。

解經當乎理義，故能使讀者爽然於目、快然於心。在昔通經之儒，惟劉原父之釋三禮具此卓識，餘子未足比擬。李雨蒼。

不惟針介甫之膏肓，使後學誦之，可惕然自正其心術。汪武曹。

周官辨惑三

周官詳於關市、山澤之政，世儒以爲疑。嗚呼！此萬貨息耗之原、人心淳僞之本、禮俗善敗之關、政教通塞之樞紐也。聖人之忠於利民，而盡萬物之理者具此矣。

自市政廢而陳肆之貨不當民用者十四三，其作之以力，是奪民功也；其成之以材，是暴天物也；其用之有敗，是亂民德也。姦利得，詐僞滋，人心之所以抏敝而不可救藥也。自山澤不隸於公，盜竊公行，而吏不禁，而材物之耗者十二三矣。愚民非時妄取，不俟其成而竭用之，而耗過半矣。山彌望而皆童，陂塘稍遠於宅舍，即任其淤墊，而物生之源益隘矣。豪民擅山澤之利，商賈籠難得之貨，淫侈逾度，震燿鄉閭，中人以下皆化焉。憂貧而不畏不義，榮富而不恥爲姦，雖有政教，常以外心應之，而冥然無所動于中，此所以法嚴令具而姦不勝也。

周官之立市政也，亡者使有，利者使阜，害者使亡，靡者使微，所以利用、厚生而正民俗也。考權概，壹度量淳制，法不中者不粥于市，治質劑，辨名實，所以閉民之姦心也。衣服、飲食不粥于市，屬遊者有禁，貴而過市者有罰，所以防民之黜嫚也。山林、川澤，官爲厲禁而平其守，則生者得遂長矣。以時計林麓而賞罰，竊木者有刑罰焉。以時舍川澤而糾其守，犯禁者執而誅之，則成者鮮耗敗矣。斬材之期日官令之，財物官頒之，則争端息而獄訟無由興矣。凡此者，皆所以利民也，而上則一無所利也。商則于門征其貨，賈則于關市征其廛，而税無重加焉。門關之財，以養老孤；市之征布，以斂不售貨，而買者各從其抵。雖曰關市之賦，以待膳服，然鼎俎、籩豆之實，共于牧人、獸人、獻人、場人者備矣。所取于市，不過遠方之珍異耳。嬪婦内人之功，以給王、后、世子之衣服。外府之泉，不過時共其乏匱耳。至若山林、川澤之材物，守之者官，而用之者民。惟山農、澤農受田而守禁者，徵其骨物、羽翮、草貢、葛材，以當田賦，而萬民之斬材、佃漁受澤物之頒者，毫末無取焉。聖人之心，豈不昭昭然若揭日月而行也哉？門關、市肆，所以不能無征者，蓋以九職任民。有職則有貢，無緣偏厚于商賈。且先王之均萬民也，使農、士、商、工交能易作，終歲之利，無道以相過，是以貧富不相耀，而民無倖心。若商賈無征，所得過贏，是鼓末業而廢民于生穀也。如少有利之之心，則山澤之利豈特什百于關市之征哉？凡此皆周公夜以繼日，竭其心思，以致忠利于民者。朱子所謂運用天理之實，于斯可驗。而乃用爲疑，不亦悖乎？

嗚呼！聖人製作之精意，世儒之智固宜不足以及之。然于經之本文未嘗詳考，而漫爲無稽之言，雷同以相和，此道聽而塗説者，孔子所以深惡其自棄也夫？

指事類情，於聖人運用天理處實能見其所以然。「述者之謂明」，非此等文字不足以當之。朱可亭。

横從放恣，繩墨隱伏，其法得之周、秦、盛漢人。吴佑咸。

周官辨惑四

周官之刑獄爲群儒所疑者三：一曰入束矢、鈞金，然後聽其獄訟，則貧者無所赴訴。二曰有獄訟者使之盟詛，各以其地域之衆庶共其牲而致焉，此春秋傳所譏于鄭莊也。三曰軍刑之誓，太史曰殺，小史曰墨。嗚呼！史所司乃兵交之時日耳。而殺之、墨之，此書傳所記盜賊、姦兇所未逞之淫刑也，而謂周官有是乎？若夫束矢鈞金之入、盟詛地牲之共，乃聖人所以運用天理而究萬物之情，特群儒未能察致耳。

周官之法：六鄉之獄訟，鄉師聽之；六遂之獄訟，遂師、遂大夫聽之；公邑之獄訟，爲邑者聽之；市及門關之獄訟，市師、質人聽之，附於刑而後歸於士；都家之獄訟，都家之士與其長成之。大者，方士達之；小者，方士主之。又有肺石以達惸、獨、老、幼，尚慮其無所赴訴乎？其造於大司寇而求伸者，必事久變生，如書所謂「單辭」、記所謂「有旨無簡」者也。故曰「以兩造禁民訟」，「以兩劑禁民獄」，明所禁乃兩造、兩劑之不具者耳。禁之而不能止，則使入矢以明直，入金以示信，所以使訟且獄者難其事，而薄物細故，可以内恕而中止也。所以使被訟獄者懼于情不能匿，罪必有加而私服也。古之聽獄訟者，意論輕重之序，而刑故無小，辨法而不信則刑之，辟藏而不信則刑之，故知情之難得者，罪必有加。若兩造具備之訟，則有地治者聽而斷之久矣。兩劑具陳之獄，則質人、司約與有地治者聽斷而歸於群士久矣。若有地治者與質人、司約，聽斷不足以服其心，則當赴愬於職聽之士，其遲以旬月，正爲此也。使職聽者而有枉橈，則司寇親聽於外朝，群士、司刑皆在獄，訟者皆得自言其情，何爲復設入束矢、鈞金然後聽之之法哉？至於聽之而終不得其情，故不得已而使之盟詛，臨之以鬼神，所以怵其内心也。致之以其地域之衆庶，而使共其牲，則或有知其事而相證者，鄭伯使卒出豭，行出雞犬，以詛射潁考叔者，所以卒得子都之迹，亦必其衆庶始不敢言，而暴露于事後也。

即所訟無徵，而播其變詐於地域之人，異日且不相保受焉，是亦奸人之所懼也。蓋人情之所不能止者，聖人因而用之，以濟乎法之窮。吕刑之誥曰「罔中於信，以覆詛盟」，則虞夏之前固已有此。而蘇公亦曰「出此三物以詛爾斯」，則不可以是議周官審矣。若太史、小史之墨殺，則義焉取哉？古者軍之大刑不過將及僕右，以主將者三軍之司命，而僕右其股肱也。不戒不慎，必至敗國而殄民，故條狼氏之誓，于僕右曰殺，馭曰車轘。既列僕右，則馭必主將之制馭一軍者，故其刑尤重。大夫以下，特官府之常刑耳。先王制法，盡人而不倚於天，信理而不惑於數，豈以兵交之時日而妄施墨、殺乎？班史稱莽性好時日小數，垂死之時，尚令天文郎按拭于前，時日所加，莽輒旋席隨斗柄而坐。則其平日行軍之律、誓衆之辭必有申嚴於時日禨祥而重其罪責者。然則「誓邦之太史曰殺、小史曰墨」之文，抑亦歆之所增竄也。

嗚呼！經之本文既有僞亂，學者生二千餘年之後，惡乎正之？亦正以理之當否而已。而理即具於人心，金、矢、盟詛之法，以人情之所有，而知爲理之所不可無也；太史、小史之刑，以人情之所無，而知爲理之所不宜有也。夫五帝殊禮，三王異政。而君子信其揆之一者，亦信以此心此理而已。用此言之，豈惟周官之僞亂有莽事之可徵哉？凡戴記所存衰世之慝禮，皆以是别而芟之可也。

余經歷郡縣，久諳民事，乃知此文灼見聖人立法之意。陳滄洲。

豈惟獄訟？即室中瑣事，亦有其情難詰而無從判決者，非格物窮理之盡不能發此難顯之情。凃燮庵。

周官辨惑五

鶴山魏氏在群儒爲明於周官之學者，而於兵賦則惑焉。其言曰：司馬法，田穰苴之法也，而康成以證周官，果若所云七十五人出革車一乘、甲士三人、馬四、牛十二，則井田固厲民之法也。民大無聊矣。

嗚呼！穰苴所述果成周丘乘之政，所不敢知，而以甸出長轂、人具馬牛、兵器爲厲民，則未明於秦、漢以後與三代民財之分數、民事之異同，而漫爲是鹵莽之説耳。是徒見夫政無常經，民生狹隘，終歲無完衣，豐年無餘儲，以爲如是而復賦以車甲、馬牛、兵器、旗物，民何以堪？不知自井田之廢，環海之中十九皆隸農也，耕者無田，而有田者不耕，耕者倍貸以具牛種，畜妻孥，而不耕者收其歲入之半，故耕者窮，不耕者以其半而出租賦，給踐更百役，有司多求以困之，故自貴人、富商而外，不耕者亦窮。若夫成周之世，則公田爲居，井竈、葱韭盡取焉，凡百畝所入，皆民之私藏也，公旬三日之外，皆民之暇日也。以今吴越中地百畝爲率，中年所入率二百石有奇，中原半之。而量幾倍，則數亦略相差也。管子之計民食也，率三十畝，而足於卒歲，而周公授田則三之：一以爲凶年無年之積，一以爲移民通財之備也。其分固寬然有餘矣。賦兵之初、四丘之衆，家出歲入之十一，而車甲、馬牛、兵器、旗物應時而立具矣。過此以往，歲出其百一，而繕完修補無缺敗矣。況乎馬牛之畜可以任載，可以糞土田，固農事之根柢也。材木取諸山澤，絲枲成于婦功，所耗於民財者不過金鐵、皮革及工事之齎耳，豈若後世之民，百物、材用絲微毫末非出泉布以求之於市肆而不可致哉？鶴山生南宋之末，習見民事之偷苟、民財之匱竭，以爲成周之世亦若是而已矣。而以此妄議周官之法，不亦汰乎？尤可怪者，七十五人乃四丘所起之徒庶也，而曰七十五人出革車一乘。甲士三人、馬四、牛十二，馬牛、車輦、兵器、旗物之出於民，見于小司徒，見于鄉師，見于族師，見于縣師、稍人，見于遂之群吏；委積之頒于官，見于遺人，見于委人，見于廩人，見于倉人。而曰使民自備委積，自治兵器，經無明文。治溝洫者，地官之屬，則遂人；夏官之屬，則司險。而土均所掌，乃地守、地事、地貢也。夏官司馬之篇，皆政典也，而曰政典無傳，四司馬土均治洫之官，皆已去籍。由是觀之，其於周官之本文猶未能誦數而條貫也，而可遽伸其臆説乎？

嗚呼！聖人之經，所以爲萬世法程者，以其皆經理民物之實用也。自漢以前，經學雖疏，而治經者皆求其實用，故苟有所執，其見于行事，必有異于人人。唐、宋以後，訓詁、詞章之學興，自三數大儒而外，不過摭其故事、剟其遺文以自潤澤，其進於是者又爭欲立異説以爲名，是故説愈繁而義愈晦，學愈博而用愈疏。鶴山之學猶號爲求濟於實用者，而鹵莽若此，無惑乎南宋以來，恒以通經而不達于世務爲儒者詬厲也。嗚呼！世務之不達，其於經乃果能通也耶？

於萬物之分數、古今之政俗井然於胸中，故言皆當物，唐、宋諸家之文未有如此濟於實用者。朱可亭。

明白洞達，足以開物成務，不獨汪洋勁肆，有先秦、盛漢之風軌也。蔡梁村。

周官辨惑六

廬陵歐陽氏謂周公設官太多，王畿千里，計十四萬有奇。攻周官者據此以自固，不知五官之屬其數無多，彼所計者，特鄉遂小吏、閭胥鄰長之數耳。嗚呼！比、閭、族、黨、州、鄉之法，周公所以錯斯民於衽席，以致刑措者，此其基也。阡陌既開以後，以視井牧未廢之前，治法之污隆、人心之淳僞、禮俗之善敗，所以截然背馳而不可挽者，皆由於此，而乃用此爲譏議乎？其爲道也，即近以致遠，盡小以爲大。所用之正長即其鄉之民也，所布之憲令即民之家事也。條分而縷析，綱舉而維張。以施典法，如木之有根；以課功事，如農之有畔。千里之内，一事之失宜、一民之不率，舉可知也。故治非是則不行，教非是則不徧，禮非是則由之而不安，政非是則操之而不習，刑非是則放紛而難理，事非是則抵冒而無稽。秦、漢以後大州、壯縣疆圉或數百里，而掌事者不過數人。徵輸、獄訟、盜賊、役事紛然而百出，耳目思慮苟有不及，吏必緣之以爲奸，此斯民之所以苦病而無所底告也。

周公之法，治、教、禮、政、刑、事皆起於二十五家之長。財賦之徵斂，閭胥、里宰掌之，以聽於閭師、遂師。公田之歲入，九職之作業，不問而可知也。而長吏苛斂、胥役侵牟、保正破家之患，無自而生矣。觵撻罰之事，閭胥、里宰掌之。其不率教而有獄訟者，鄉師、遂師立聽而斷之，附於刑而後歸於士，而士之治各有期，則蔓延久繫、無辜失業、薄罪瘐死之患無自而生矣。五家相保，以簡罷民，既以清盜賊之源，而伍、兩既定，以地遠近，相比而追胥，則民之守望相助，即所以詰邦盜也。閭胥、里宰以歲時數其衆寡，辨其施舍，而又合聯以役國事，則久暫、勞逸可以互均，喪疾、事故可以相代也。其用意尤深遠者，以修農事，則比邑之民可以移用，而天期、地澤、風雨之急救之也。時而士無遺利以育賢才，則鄉州之選始於家塾，而六德、六行、六藝之實觀之也察，而士無遁情。典法之施，半寓於民間之飲、食、喪、祭、冠、婚，而禮無不達；有司所課，下及於比户之女功，而教無不行。至於軍旅之興，將無非其長，伍無非其鄰，晝戰目相識，夜戰聲相聞，其歡欣足以相死。古之聖人所以能使天下爲一家，中國爲一人，此其樞紐也。

歐陽氏所病于設官之多，特謂無禄以給之耳。嗚呼！是未察於古之田禄與後世異，而鄉遂群士之爵與禄又與王朝之士異也。蓋古有不命之士，有無田之士，故司士職曰「以功詔禄」，而又曰「以久奠食」，謂不命之士其長所自辟除者也。其在官中，則能以久著而差其廩；其在鄉遂，則位以久進而益其田。故不得與詔禄同科耳。何休之述井法曰：在田爲廬，在邑爲里，里八十户，選其耆老有高德者名曰父老，其有辨護伉健者爲里正，皆受倍田。漢去周爲近，休所稱雖或衰周變法，而周官鄉遂之制大略視此矣。蓋閭胥、比長雖曰中士、下士，其實耦耕之民也。師田、行役常與其曹偕作並息，而他無事焉，以其材力稍優，故進其等以率其曹，即秦、漢以還所賜之民爵是也。天官九兩，所謂「以治得民」者，蓋本非官也。以治民事，得統率其儕伍，故名曰吏。至於族師，則所轄稍衆，而其事亦較繁。喪紀、祭祀則治焉，孝弟、睦婣有學者則書焉，合聯簡器則掌焉，耕耨女功則督焉，其身不得即事於南畝，故倍授之田，使得傭閒民，耦强力，以代其耕。循數推理，必百家之長，然後可受倍田。蓋族師倍田，則黨正有加焉。計閒民轉移執事者，止足以供此。若閭胥以下，雖益其田，無從得隸農也。黨正下大夫，族師上士，何以知授田之數止此？蓋鄉遂之吏尊其爵者，俾權足以統攝薄其田者，事簡而員多也。使皆如王朝之大夫、士，則無地以給之矣。雖曰上士，其爵亦等於諸官未命之士耳。至於六遂，則其事較簡，而其爵亦較卑。即通王畿之内，百夫之長皆受倍田，不過三萬餘家，所占之地不及一同之半，而何憂其不給哉？況乎鄉遂之吏雖多，而無府、史、胥、徒。以今直省計之，省不下百，縣以中縣爲率，胥役之受糈於官者僅數十人，而附胥附役以及里保雇直漁蠹平民以贍其妻子者不下千人。合百縣而計之，與周官畿内中下士數不相遠。苟大府皆賢，郡縣之吏皆良，而無非分之求以重困之民，尚未以此爲苦病也。用此觀之，族師以上即取於民以禄之，不患其不給，而況乎僅倍其田？閭胥、比長之屬雖盡益以田，取諸提封千里授田，六百六十萬井之中不足爲廣隘，而況乎斷自族師以上哉？

昔朱子讀地官司徒之篇，以爲古者學校教養德行、道藝、選舉、爵禄、宿衛、征伐、師旅、田役，只爲一事，其所以能聯爲一事者，則比、閭、族、黨、州、鄉之法也。故曰此周公建太平之基本。而乃用爲疑，不亦悖乎？記曰：「作者之謂聖，述者之謂明。」明不足以見作者之意，慎毋輕言述哉？

治、教、禮、政、刑、事皆以比、閭、族、黨、州、鄉之法爲根基，爲樞紐，灼見聖人製作之意，非一世之文，千百世之文也。李雨蒼。

究宣聖制，釋千古之疑。言有始出而可信其與天壤相敝者，此類是也。受業黄世成。

周官辨惑七

前儒謂：賒貸之法當井田、封建時，不惟周公之聖可行，雖庸吏可行；郡縣以後，不惟王莽、安石不能行，雖周公亦不能行。蓋政教禮俗，形易勢殊，故事同而情異。信矣！

然按以司市之文，則周官本有賒而無貸。貸也者，比户相通之道也。若以官貸，雖不責其息，以周公行之，而民亦有不利焉。雖重責其息，如莽與安石，而官亦終有損焉，其故何也？蓋不責其息民將輕於貸，而妄自耗，及本不能歸，而有司之法行，必私倍貸以求脱，而生益艱矣。重責其息，至于疾病、死喪、逃亡、困敝而不能支，則民雖殉以身命，而財終不可得也。惟賒斂則宜於古，而不宜于後世耳。

然豈惟賒斂哉？掌節之法，遠行必有節傳；比長之法，近徙必有節授。無節無傳者，有幾則不達；無節無授者，唯圜土内之。由斯道也，盜賊無所隱，逋逃無所之。然唯古之時民皆土著，遠行者惟商與？使近徙者不出其鄉，斯可耳。後世行此，則門關壅塞，廬宿莫容，官徒驟馳，而日不暇給矣。

一歲之中州長之讀法者三：黨正五之，族師十有二，閭胥則凡聚衆庶既比則讀焉。大家之衆寡、貴賤、老幼、廢疾以及車輦、六畜、兵器、旗物，小司徒稽之，鄉師稽之，鄉大夫登之，閭師掌之，族師校之，閭胥數之，趨及于耕耨，稽及于女功。由斯道也，禮與民習而相安，政與民宜而無蔽，衣食可殖，禮俗可興，然惟治不出于州黨而詳于族閭，掌地治者，即其鄉之民而無府、史、胥、徒，則可耳。後世行此，則呼集奔趨，廢時棄業，家至户籍，層累督察，胥役因緣，倚法以相蹙迫，脊脊然雖寢食不得寧矣。齒角、骨物、羽翮、絺綌、葛材、草貢並徵于山澤之農，以當邦賦之政令。由斯道也，可以息民力，可以寬民財，然惟輕細之物徵之，王畿千里之中，四面而至，遠者不過數舍，則可耳。後世易之以平準、均輸，百物皆徵轉運萬里，名爲不加賦，而民力之困、民財之虧，不啻收大半之賦矣。

嗚呼！周官之法所以極于瑣細繁密而無遺者，乃聖人愛民之心，徬徨周浹，因時制宜，而曲得其次序者也。管子治齊，號爲能用周官之法，然簡節而疏目，視周官爲僅存其大略矣；武侯之治蜀也，士無抑才，軍無冗食，下無匿情，其治象於周官爲近，然不能指其何者爲用周官之法也。嗚呼！治周官者以是而求之，則幾矣。

本貴與馬氏之説而類之、盡之。馬氏之説，世所共見，故不復載。自記。

周官辨惑八

司空之篇亡，自漢以後無異議，而晚宋、元、明諸儒乃分割五官，以爲事典。自宋以後，瞀儒好爲異説，以乖經義者多矣。而此則號爲通經者實倡焉。嗚呼！是之謂「不知而作」也。

夫五官之事皆基於事典，故洪範之列官政，首司空，而後及其餘，而是經所謂「辨方正位，體國經野」，正司空之職也。尚書周官所謂「居四民，時地利」，則體國經野之實用也。即是以求之，則事典之本體昭昭然可見，而群儒之迷謬不足辨矣。

蓋惟司徒、司馬與司空聯事，而事各異方，雖若有連而不相及也。鄉師之職：大役，則帥民徒而至，治其政令；既役，則受州里之役要，以考司空之辟。蓋任役事者，地官之民徒，而興事任力，則有司空之辟焉。今其所謂辟者安在哉？大司馬之職：大役，與慮事，屬其植，受其要。蓋聚大衆，故以司馬之法治植要，以習軍中之壕壘。然司馬曰「與慮事」，則主其事者非司空而誰哉？川、澮、溝、洫之積數，遂人掌之，量人量之，司險設之，而規五溝、五涂之深廣，相因山通川之地埶，要縮道路以立關梁，時式險易以傅衆力，溝或以水漱，防或以水淫，則司空之法也。王畿侯國之封疆，都鄙之室數，大司徒制之，大司馬正之，量人量之，職方氏辨之，土方氏相之，形方氏正其華離，邍師辨其名物，而鄉遂郊關，以封域而別其遠近。農、士、工、商，以作業而異其遊居；城郭、渠落，以鄉山經水而審其面勢，測土深以求泉，順地防以行水，春築隄防，冬繕城郭，詳見管子度地、地員篇。則司空之法也。其在他職，則事更無聯焉者。社稷宗廟之位，四郊、四望、四類以及山川、丘陵、墳衍之兆，小宗伯授之。會同之壇，司儀令之。而正方攻位，量功命事，小宗伯、司儀不與也。王内之宮寢、宮中之官府次舍，司空作焉，而後内宰書其版圖之數，宮正、宮伯比其官吏、人民、士、庶子之居。朝市既成，而後小司寇、朝士、太僕掌其政，司市布其令。倉、府、廄、庫既成，而後大府、玉府、内府、外府、倉人、廩人、校人、庾人儆其守。車旗、兵甲既成，而後巾車、典路、司常、司甲、司兵、司戈盾、司弓矢辨其用。其他禮樂、賓祭之器，守藏、服御之物，莫不皆然。惟天官之染人、追師、屨人，夏官之稾人，疑可爲事官之屬。然王、后、世子之飲食衣服皆隸天官，而聽于冢宰，聖人有深慮焉。染人以類從，則所掌特宫中之染事耳。兵器之用，惟弓矢爲多，而易毁折，故司馬之屬特設稾人以試之。然曰「受財于職金以齎其工」，則造之者乃弓人、矢人可知矣。用此觀之，五官之屬，皆確乎其不可易。冬官雖亡，而以五官按之，其職、其事可班而列也。又況鄉師所莅之匠師，儀禮大射之工人、士、梓人，覲禮之嗇夫，不屬於司空而焉屬哉？此義清溪李耜卿所發。昔朱子於謂詩序宜遵者終不與言，蓋賤其道聽塗説，不足辭而闢也。故余推本司空之職事及與諸職聯事而不相及者，使後世有以考。而群儒所分、所繫之無章，則存而不論焉。

此篇與吾弟耜卿所見略同。南豐曾氏所謂「理當，故無二」也。李厚庵先生。

先生每言周官義理事實皆見於無文字處。學者知此，并可得讀易與春秋之法。受業雷鋐記。

蒼莽回互，不煩繩削，而合於度，猶見管、荀遺則。受業吴以諴記。